MANUEL PATRIOTIQUE

DU

CITOYEN ET DU SOLDAT

PARIS ET LIMOGES
Imprimerie et Librairie Militaires
HENRI CHARLES-LAVAUZELLE
ÉDITEUR

1.00

MANUEL PATRIOTIQUE

DU CITOYEN ET DU SOLDAT

MANUEL PATRIOTIQUE

DU

CITOYEN ET DU SOLDAT

PAR

MASSY, Lieutenant au 49e d'Infanterie

Chevalier de la Légion d'honneur, du Mérite agricole, etc.

PARIS
11, Place St-André-des-Arts.

LIMOGES
46, Nouvelle route d'Aixe, 46

HENRI CHARLES-LAVAUZELLE
Éditeur militaire.

1892

AVERTISSEMENT

Le *Manuel patriotique du citoyen et du soldat* est destiné à faciliter la tâche des instructeurs en tout ce qui a trait à l'éducation morale du soldat et sa préparation à la guerre. Il permet en même temps de mettre entre les mains des soldats et des écoliers un petit code de l'honneur et du devoir, à la fin duquel on trouvera un certain nombre de renseignements utiles, relatifs à la préparation à la guerre.

Les instructeurs trouveront dans ce livre un certain nombre de développements qu'il est indispensable de donner, pour intéresser le soldat à toutes les questions qui y sont traitées, et ils y ajouteront toujours avec succès les développements qui leur seront suggérés par leur propre expérience.

Ire PARTIE

CHAPITRE Ier

Patrie. — Patriotisme. — Armée française. — Armées permanentes.

1. — **D.** *Qu'est-ce que la Patrie ?*

R. La patrie est généralement le pays où nous sommes nés et que nous habitons. C'est la réunion de tous les gens parlant la même langue, ayant les mêmes coutumes, les mêmes intérêts, obéissant aux mêmes lois et servant le même drapeau. Notre Patrie est la France.

2. — **D.** *Qu'est-ce que le patriotisme ?*

R. Le patriotisme est le sentiment qu'éprouve tout homme de cœur et qui le pousse instinctivement à faire volontiers le sacrifice de tous ses biens, de sa famille, de la vie même, dans l'intérêt commun et pour la défense de la Patrie.

3. — **D.** *Qu'est-ce que l'armée française ?*

R. L'armée française est la grande école de la nation, où le citoyen vient apprendre le métier des armes, pour la défense de la Patrie. Il y développe ses forces physiques et y forme son cœur.

4. — **D.** *Quel est le but des armées permanentes?*

R. Les armées permanentes ont pour but de maintenir l'ordre à l'intérieur et de former un noyau autour duquel viennent se grouper tous les défenseurs de la Patrie, lorsque la guerre éclate.

5. — **D.** *Que deviendrait un pays qui n'entretiendrait pas d'armée permanente?*

R. Un pays qui n'entretiendrait pas une armée permanente risquerait manifestement d'être surpris par une attaque imprévue et de tomber sous la loi du voisin qui aurait pris ses précautions et choisi son moment.

6. — **D.** *A combien s'élèvent les dépenses de l'armée?*

R. Les dépenses de l'armée sont inscrites au budget pour la somme de 570 millions de francs.

Ce chiffre est très élevé, il est vrai, mais n'est pas au-dessus de nos moyens, et tout bon citoyen doit se dire que si le travail national fournit de quoi payer notre sécurité, l'on ne doit pas s'en plaindre.

Développement sur la nécessité des armées permanentes.

« *Si vis pacem, para bellum.* Si tu veux la paix, prépare la guerre. »

C'est ce que la France fait depuis vingt ans; aussi, aujourd'hui, sommes-nous respectés et avons-nous repris en Europe la place que nous devons y occuper. La France est une nation avec laquelle les plus forts parmi les plus forts doivent compter; malheur à qui oserait troubler le repos de ce colosse formidable.

Rien n'est plus triste qu'un pays qui n'a ni armée ni gouvernement capable de le protéger et de le défendre ; ses voisins plus forts que lui peuvent l'envahir, s'emparer de tous ses biens, lui enlever les femmes et les enfants, massacrer les hommes ou les réduire à l'esclavage, ou lui faire perdre sa nationalité.

CHAPITRE II

Drapeau.

7. — **D.** *Qu'est-ce que le drapeau?*

R. Le drapeau est le symbole de l'honneur; il est l'âme du régiment.

8. — **D.** *Que nous rappelle-t-il?*

R. Il nous rappelle le passé glorieux du régiment et nous montre un exemple à suivre.

9. — **D.** *Comment est le drapeau?*

R. Le drapeau national est tricolore : bleu, blanc et rouge. Celui du régiment se compose d'une hampe surmontée d'un fer de lance doré ; la partie flottante est en étoffe de soie. Sur la partie blanche, on lit d'un côté, écrite en lettres d'or, la devise *Honneur et Patrie*, et, du côté opposé, les noms des quatre principales victoires auxquelles a pris part le régiment, et qui par exemple pour le 49e régiment d'infanterie, sont : *Jemmapes, Alger, Sébastopol, Solférino.*

10. — **D.** *Par qui est porté le drapeau ?*

R. Le drapeau est porté par un officier du grade de sous-lieutenant (1). Sa garde se compose d'un sergent et de quatre soldats de 1re classe désignés par le colonel et choisis dans l'ensemble de tout le régiment.

11. — **D.** *Quels sont les honneurs que l'on rend au drapeau ?*

R. Lorsque le drapeau apparaît devant les troupes, les tambours battent, les clairons sonnent, les officiers saluent de l'épée ou du sabre, les troupes présentent les armes.

12 — **D.** *Quelle récompense reçoit un régiment qui a pris un drapeau à l'ennemi ?*

R. Le drapeau est décoré.

Lorsqu'un militaire ou une fraction quelconque du régiment s'est emparé d'un drapeau ennemi pendant le combat, la gloire en rejaillit sur tout le régiment et le drapeau est décoré. On lui attache alors, au-dessous du fer de la lance, l'étoile des braves ; c'est la croix de chevalier de la Légion d'honneur, que vous voyez briller sur la poitrine de quelques-uns de vos officiers.

13. — **D.** *Dans la vie ordinaire, que doit faire tout bon citoyen qui voit passer le drapeau du régiment ?*

---

(1) Ou de lieutenant.

R. Il doit se découvrir respectueusement. Il faut ne pas avoir reçu l'éducation civique la plus élémentaire pour agir autrement.

14. — **D.** *Que doit-on au drapeau?*

R. On doit le défendre jusqu'à la mort.

Développement de l'idée du drapeau.

Le drapeau est le symbole de l'honneur, quelque part que nous le voyions flotter; il nous rappelle la patrie absente, il résume toutes nos affections. La France est partout où flotte son drapeau. C'est une bien douce joie, après une bataille, de pouvoir se grouper autour du drapeau.

Dans nos pays lointains, au Tonkin, en Afrique, après une longue marche sous un soleil brûlant, c'est encore ce drapeau brillant aux trois couleurs qu'on aperçoit de loin flotter sur le petit fort, qui ranime le courage du soldat harassé de fatigue et lui remet la joie au cœur.

Oui, le drapeau est la chose sacrée pour tout soldat de cœur; l'abandonner serait une infamie, nous devons le protéger et le défendre en faisant appel à toutes nos forces et même en faisant pour lui le sacrifice de notre vie.

Le drapeau, on ne saurait jamais lui rendre trop d'honneurs. Quand il apparaît, les troupes présentent les armes, les officiers saluent de l'épée ou du sabre, les tambours battent, les clairons sonnent, les musiques jouent l'hymne national. Les généraux, si haut placés qu'ils soient, le Président de la République lui-même, saluent respectueusement.

Dans la vie ordinaire, tout citoyen qui se respecte doit se découvrir devant le drapeau d'un régiment ; il faut ne pas avoir la moindre notion de ses devoirs civiques pour agir autrement.

Des hommes qui se respectent ne doivent jamais prostituer le chant ni les couleurs nationales. C'est une honte de voir, dans certaines circonstances, des gens avinés traîner sans respect, par les rues, le drapeau tricolore en hurlant la *Marseillaise*.

Le drapeau est sacré; s'il a eu de mauvais jours, il en a eu aussi de bien beaux; il a flotté victorieusement sur presque toutes les capitales de l'Europe et c'est là notre gloire. La puissance passe, mais la gloire reste, et la gloire ramène quelquefois la puissance. C'est M. Thiers, le grand historien de nos gloires nationales, le libérateur du territoire, qui l'a dit.

CHAPITRE III

Des qualités morales du soldat.

15. — **D.** *Quelles sont les qualités morales que doit posséder le soldat?*

R. Ces qualités sont : le courage, la bravoure, le sang-froid et la discipline, qui est la base de tout.

16. — **D.** *Qu'est-ce que le courage?*

R. Le courage est une vertu qui nous fait supporter et braver avec fermeté d'âme les périls, les souffrances, les revers, et accomplir avec zèle, ardeur et bonne volonté toutes les obligations du métier militaire.

Pour le soldat, le courage consiste plus particulièrement à supporter avec persévérance et sans murmure les fatigues, la faim, la soif, le défaut de sommeil, le froid, le chaud, et à affronter avec entrain les dangers du champ de bataille. Les exemples de courage, de bravoure, de sang-froid et de dévouement sont tellement nombreux dans notre armée qu'il faudrait un bien gros livre pour n'en raconter encore qu'une bien faible partie.

Néanmoins, sans toutefois remonter jusqu'aux guerres de la République et du premier empire, nous citerons comme s'étant passés dans des temps plus modernes, les défenses héroïques du blockauss de Mazagran, du marabout de Sidi-Brahim, celle du sergent Blandan à Beni-Mered, tout cela en Algérie ; le combat de Camaron au Mexique et le siège de Tuyen-Quan au Tonkin.

Vous trouverez ces faits d'armes développés à la deuxième partie de ce livre.

17. — **D.** *Qu'est-ce que la bravoure?*

R. La bravoure est une qualité essentiellement militaire qui ne trouve l'occasion de se manifester qu'au milieu des dangers. Elle est synonyme de courage impétueux.

C'est la bravoure des chefs qui entraîne les soldats ; cette vertu exclut toute idée de témérité.

18. — **D.** *Qu'est-ce que le sang-froid?*

R. Le sang-froid est le calme, la présence

d'esprit qu'une âme bien trempée sait conserver au milieu des dangers et dans toute situation difficile.

Pour le soldat, le sang-froid consiste à être toujours attentif à la voix de ses chefs et à faire un bon usage de son arme. De plus, il permet de juger sainement de la situation et fait agir avec discernement. Il est le contraire de l'emballement.

19. — **D.** *Quels sont les sentiments que le soldat doit avoir pour ses chefs?*

R. Les sentiments que le soldat doit avoir pour ses chefs sont : l'obéissance, le respect, la déférence, l'estime, la confiance, l'affection et le dévouement.

20. — **D.** *En quoi consiste l'obéissance?*

R. A exécuter littéralement, sans hésitation ni murmure, les ordres que l'on reçoit.

L'obéissance absolue est la meilleure garantie de la force d'une armée; une armée dite de baïonnettes intelligentes, où il serait permis de discuter les ordres des chefs, d'en peser l'opportunité, parlerait beaucoup, n'agirait pas et ne serait pour le pays qu'une institution coûteuse, dangereuse en temps de paix et incapable, en temps de guerre, de défendre l'honneur national.

C'est de l'obéissance aveugle de tout le monde que dépend le salut de la patrie et, à ce titre, l'obéissance doit être considérée comme un acte de patriotisme.

D'ailleurs, l'obéissance sera toujours facile pour ceux qui sont animés vraiment de l'esprit militaire ; elle exige une grande force d'âme qui, loin d'amollir les caractères, les fortifie en les habituant à se plier à tout ce qui est la loi, la règle et l'autorité légitime.

21. — **D.** *Comment le soldat prouve-t-il son respect pour ses chefs ?*

R. Premièrement, en ne les dénigrant jamais et en n'approuvant pas, du moins d'une façon apparente, les critiques dont ils peuvent être l'objet, et secondement, en ayant pour eux, en dehors du service, toutes les marques de respect que l'on prodigue aux personnes que l'on honore.

22. — **D.** *En quoi consiste la déférence ?*

R. La déférence consiste à avoir pour ses chefs des égards particuliers non prévus par le règlement.

La déférence est généralement une preuve de bonne éducation ; elle ne doit pas être confondue avec la bassesse et la servilité.

23. — **D.** *En quoi consiste l'estime des inférieurs pour leurs chefs ?*

R. L'estime est un sentiment qui porte l'inférieur à apprécier les qualités physiques, morales et intellectuelles de ses chefs en négligeant de voir leurs défauts.

En un mot, à ne voir dans leurs chefs que des hommes qui se sont voués pour toute leur vie au culte de l'honneur, toujours prêts à aller affronter les dangers et à faire à la patrie le sacrifice de leur vie.

24. — **D.** *En quoi consiste la confiance que le soldat doit avoir en ses chefs ?*

R. La confiance est un sentiment qui nous porte à ne douter ni de la bravoure, ni de l'expérience, ni de l'instruction, ni des talents militaires des chefs qui nous instruisent en temps de paix et qui nous conduisent au feu en temps de guerre.

Développement de l'idée ci-dessus.

Tel supérieur qui n'a peut-être pas une instruction bien développée, mais a pour lui l'expérience de plusieurs campagnes et un certain nombre d'années de service, beaucoup de fermeté de caractère, s'applique avec soin à connaître ses hommes, est juste envers eux, plein de sollicitude, toujours prêt à les secourir et les encourager, ne se laisse jamais emporter par la colère ou l'impatience et fait tomber les récompenses sur ceux qui ont des mérites réels, celui-là mérite à tous égards l'estime et la confiance de ses subordonnés.

Si les défauts du supérieur dépassent ses qualités, l'inférieur doit avoir néanmoins de l'estime pour ce chef, car le subordonné n'est généralement pas en mesure d'apprécier la valeur de son chef.

Si le chef est jeune, peu expérimenté encore, il peut compenser son manque d'expérience par son intelligence naturelle et l'instruction qu'il a acquise dans les écoles. Enfin, des subordonnés ne doivent voir en lui qu'un homme qui s'est voué pour toute son existence au culte de l'honneur, à cette vie militaire si pleine d'abnégation; il doit donc l'estimer sans arrière-pensée, car ses qualités déjà acquises sont une preuve qu'il en acquerra d'autres avec le temps.

En tout cas, l'inférieur doit avoir une confiance absolue dans la bravoure, les talents, l'instruction et l'expérience de ses chefs.

Il doit de plus se persuader d'une chose, c'est qu'au jour du danger, les dispositions prises par ses chefs, fussent-elles mal conçues, ces dispositions ont beaucoup de chance de réussir si elles sont exécutées avec entrain par la troupe, tandis que les meilleures conceptions se traduisent toujours par des revers quand les inférieurs n'ont pas confiance en leurs chefs.

25. — **D.** *Le soldat ne doit-il pas avoir confiance en lui-même et en ses camarades ?*

R. Oui, le soldat doit avoir confiance en lui-même et en ses camarades, confiance en ses forces physiques, confiance dans la supériorité de son armement et surtout dans la supériorité morale et la bravoure de l'armée de son pays.

26. — **D.** *Qu'est-ce que l'affection ?*

R. L'affection est un sentiment qui nous attache à nos chefs, nous porte à les aimer, à les suivre partout avec joie et à nous intéresser à eux.

L'affection engendre le dévouement.

27. — **D.** *Qu'est-ce que le dévouement ?*

R. Le dévouement est un sentiment de générosité qui pousse l'homme à aider et à secourir ses semblables. Il est inspiré par l'honneur, le patriotisme, le devoir et l'affection.

Résumé des devoirs du soldat envers son pays, envers ses camarades, envers lui-même.

Appelé à porter les armes pour la défense de l'ordre et de la patrie, le soldat doit remplir strictement et sans murmurer tous les devoirs du service et devenir un digne membre de la famille militaire.

En supportant avec persévérance et sans murmure les fatigues, la faim, la soif, le défaut de sommeil, le froid, le chaud et les intempéries des saisons, en affrontant avec courage les dangers du champ de bataille, le soldat marche à la tête de toutes les classes de la société et, en donnant sa vie pour son pays, il remplit un devoir que l'argent ne saurait payer. C'est dans l'accomplissement plein de zèle, de conscience, de bonne volonté, des obligations du soldat, comme aussi dans le respect de sa religion, dans une conduite morale, dans des sentiments loyaux et dans un maintien convenable que le soldat doit placer son véritable honneur. Tous ses efforts doivent tendre constamment à donner du prestige à son uniforme et à porter haut l'honneur de l'état de soldat et la renommée du régiment auquel il a l'honneur d'appartenir.

Il doit toujours être d'une probité scrupuleuse et ne jamais abuser de la vie en commun pour s'approprier quoi que ce soit appartenant à un camarade. Il doit être pour tous un ami sur lequel on peut compter et un frère d'armes dévoué.

A l'égard des jeunes soldats, il doit être un guide aussi bienveillant que désintéressé et ne jamais se permettre aucune brimade à leur égard.

Il doit être d'une propreté corporelle digne d'un homme appartenant à l'armée. Respectueux, dévoué et obéissant à l'égard de ses chefs, il doit aimer son drapeau et, vienne la guerre, il doit chercher à le protéger et à le défendre en faisant appel à toutes ses forces et même en lui faisant le sacrifice de sa vie.

« Le drapeau est la chose sacrée pour tout soldat d'honneur. » (Valdersée.)

28. — **D.** *Qu'entendez-vous par brimades?*

R. Les brimades sont des plaisanteries de mauvais goût, adoptant parfois une forme bête et brutale, que les anciens soldats font quelquefois subir aux nouveaux arrivés.

Les brimades sont aujourd'hui interdites de la façon la plus formelle, et, si elles étaient pratiquées, elles conduiraient assurément leurs auteurs en prison.

Une de ces brimades consistant à faire sauter un homme « à la couverte », c'est-à-dire dans une couverture avec toutes sortes d'objets de campement, d'équipement, de chaussures, etc., a causé la mort d'un soldat d'un régiment de la 71e brigade, il y a de cela quelques années. Les auteurs de ce crime (homicide involontaire) ont été traduits au conseil de guerre et condamnés.

CHAPITRE IV

Devoirs des chefs envers les subordonnés. — Qualités que doivent posséder les chefs.

29. — **D.** *Quels sont les devoirs des chefs envers les subordonnés?*

R. Les membres de la hiérarchie militaire, à quelque degré qu'ils y soient placés, doivent traiter leurs inférieurs avec bonté, être pour eux des guides bienveillants, leur porter tout l'intérêt et avoir envers eux tous les égards dus à des hommes dont la valeur et le dévouement procurent leurs succès et assurent leur gloire. (Règlement du 28 décembre 1883.)

30. — **D.** *Quelles doivent être les qualités de ceux qui commandent?*

R. Ces qualités sont la supériorité intellectuelle, la capacité professionnelle, l'aptitude morale, la bravoure et l'entrain.

31. — **D.** *Qu'est-ce que la supériorité intellectuelle?*

R. La supériorité intellectuelle est la base essentielle de l'autorité et la meilleure garantie de la discipline. Elle fait que la manière de voir de l'officier s'impose à l'esprit de son subordonné et dispose ce dernier à croire et à accepter sans conteste les enseignements qu'il en reçoit.

32. — **D.** *En quoi consiste la capacité des chefs?*

R. La capacité des chefs consiste à posséder parfaitement toutes les matières qu'ils sont chargés d'enseigner à la troupe et à faire preuve en toutes circonstances d'une aptitude réelle au commandement.

33. — **D.** *En quoi consiste l'aptitude morale?*

R. L'aptitude morale du chef consiste à avoir la fermeté et la volonté nécessaires pour exiger l'exécution de ce qui a été ordonné; à justifier la confiance que les subordonnés ont mise en ses lumières et à éviter d'affaiblir cette confiance par des mouvements d'hésitation.

34. — **D.** *Qu'est-ce que l'entrain?*

R. L'entrain est une qualité essentiellement française connue sous le nom de « furia française ». C'est cet entrain, cet élan, qui fait qu'au moment psychologique, le chef, faisant appel sans réserve à toute l'énergie des combattants, se place à leur tête, le sabre à la main, et entraine par son exemple jusqu'aux plus hésitants.

DÉVELOPPEMENT

Devoirs de ceux qui commandent. — Manière de faire et d'être à l'égard de ses subordonnés.

L'armée est une école où le citoyen vient apprendre le métier des armes pour la défense de la Patrie. Les jeunes soldats qui viennent dans ses rangs y sont envoyés par le pays; le devoir de leurs chefs est de leur inculquer pendant leur séjour sous les drapeaux les principes d'obéissance, d'honneur, d'ordre et de moralité que doit posséder tout homme qui a l'honneur de faire partie de la grande famille militaire; ils doivent également leur inspirer le culte du devoir, de la discipline, le sentiment de la dignité personnelle, de façon que, rentré dans ses foyers, le jeune soldat, qui est passé par la grande école de la nation, apporte dans l'accomplissement de ses devoirs civils les sentiments de droiture et d'honnêteté qui lui auront été inculqués pendant son séjour sous les drapeaux.

La première des conditions à remplir par un chef qui a pour mission d'instruire et de moraliser des soldats est de posséder les capacités et l'aptitude morale voulues.

Aujourd'hui, plus que jamais, l'éducation morale du soldat est de la plus haute importance. Le service obligatoire et de courte durée fait de cette éducation une nécessité absolue et, comme le dit judicieusement Coralys, « il faut compter avec la manière dont bat le cœur du soldat et dont sa tête raisonne ». Les exercices en ordre dispersé, l'usage d'un armement perfectionné, le service en campagne, les reconnaissances reposent sur l'intelligence du soldat et sur la manière dont il comprend ses devoirs; c'est-à-dire, avant tout, sur l'éducation morale qu'il a reçue.

Nous allons passer successivement en revue les différentes lignes de conduite que doivent suivre, en toutes circonstances, les chefs de tous grades dans cette mission difficile du commandement.

Le n° 90 du règlement du 12 juin 1875 (Ecole de bataillon) traçait d'une façon remarquable la façon dont tout chef doit exercer son commandement en présence de l'ennemi ; aussi allons-nous le reproduire :

« Il faut, disait le règlement, que l'attitude personnelle du commandant, et nous ajouterons de tous les chefs, soit en toutes circonstances, irréprochable ; tout symptôme d'hésitation est fâcheux.

» Le chef doit constamment savoir ce qu'il veut, le faire sentir à sa troupe et prévoir ce qu'il peut en obtenir.

» Il doit prendre ses résolutions avec maturité et rapidité, et les exécuter ensuite avec la plus grande énergie ; l'important pour lui est moins d'être brillant que d'être calme et résolu. Le calme et le sang-froid ont une influence considérable ; une troupe obéit comme elle est commandée. Ces qualités indispensables n'excluent ni l'entrain, ni l'esprit d'initiative ; elles permettent, au contraire, de les régler et de les contenir, jusqu'au moment où les chefs, donnant eux-mêmes l'exemple, font appel sans réserve à tout l'élan et à toute l'énergie des combattants.

» L'attitude des chefs de tous grades et leur aptitude réelle au commandement décuplent la valeur des troupes et contribuent dans une large mesure à garantir l'ordre et la discipline, tout aussi nécessaires que la bravoure et l'initiative, et dont le maintien rigoureux doit être l'objet de constantes préoccupations des gradés. C'est essentiellement une de leurs obligations les plus étroites et les plus immédiates. »

Après un tel exposé des devoirs qui incombent à l'officier, il semble qu'il doit rester bien peu de choses à dire sur ce sujet. Nous allons, néanmoins, essayer de revenir en détail sur chacune des qualités particulières et sur chacun des devoirs qui s'imposent à celui qui commande.

De la capacité. — Non seulement l'officier doit posséder parfaitement toutes les matières qu'il est chargé d'enseigner à la troupe et aux gradés qui sont sous ses ordres, mais il doit chercher à se mettre à la portée de toutes les intelligences.

Le titre Ier du règlement du 12 juin disait :

« Les officiers n'oublieront pas que l'enseignement technique puise une très grande valeur dans la manière dont il est traduit devant la troupe ; ils chercheront donc à acquérir une aptitude réelle au commandement et à en faire preuve dans toute circonstance. L'attitude personnelle des chefs est de la plus haute importance. »

Les officiers trouveront d'ailleurs dans cette façon de procéder le seul moyen de se rendre intéressants et utiles à tous, tout en relevant leur propre prestige aux yeux de leurs soldats.

« D'ailleurs, il ne faut pas perdre de vue que dans tout enseignement la première condition de succès est de rendre la leçon aussi attrayante que possible pour les élèves. »

De la supériorité intellectuelle. — L'officier doit posséder une supériorité intellectuelle absolue, de façon à s'imposer à l'esprit de ses subordonnés, les disposer à croire et à accepter son enseignement. L'expérience des choses de la guerre, s'il a été à même de l'acquérir, sera pour un chef un gros appoint aux yeux de ses subordonnés ; car le soldat sera toujours porté à accepter les préceptes de guerre et à croire les récits de l'officier qu'il saura avoir déjà affronté plusieurs fois le feu de l'ennemi.

Il en est de cela comme du tir, où une preuve évidente d'adresse manuelle fera toujours beaucoup plus d'effet sur l'esprit des soldats que les plus savantes dissertations sur les lignes de mire ou les trajectoires. « La démonstration pratique est ici la meilleure confirmation des théories et la preuve la plus frappante pour l'homme de cette supériorité du chef, qui doit être la base essentielle de l'autorité et la meilleure garantie de la discipline. » (*Journal des sciences militaires.*)

De l'aptitude morale. — L'aptitude morale est le corollaire indispensable de la supériorité intellectuelle; elle consiste chez l'officier à avoir la force et la volonté nécessaires pour exiger l'exécution de ce qu'il a ordonné. Il doit toujours justifier la confiance que ses subordonnés ont mise en ses lumières et éviter d'affaiblir cette confiance par des mouvements d'hésitation.

De l'attitude personnelle. — L'officier doit être un modèle pour le soldat et lui servir constamment d'exemple. La discipline consiste plus dans l'exemple que dans la rigueur des préceptes.

L'officier doit obéir d'une façon absolue à ses supérieurs; il doit éviter avec le plus grand soin tout geste, toute critique, et ne doit jamais, surtout en présence de ses inférieurs avoir d'autre volonté que celle de ses supérieurs. Il doit éviter de commettre lui-même les actes qu'il est chargé de réprimer.

Dans ses rapports avec ses subordonnés, il ne devra apporter ni raideur ni familiarité ; il évitera d'employer des expressions dures, qu'il ne faut pas cependant confondre avec certains mots énergiques, qui placés à propos, ne blessent personne et font passer un peu de l'énergie de celui qui les prononce à ceux qui les entendent.

Ces mots, ou jurons, bien connus, sont évidemment vulgaires et ne doivent sortir de la bouche d'un officier que très rarement, mais ils sont bien français et bien militaires ; le mot de Cambronne est passé à la postérité.

Mais l'officier devra éviter avec soin d'employer des épithètes flétrissantes, il ne proférera jamais de mots ignobles ou bas, car il ne doit pas oublier qu'il s'adresse à des hommes pour lesquels l'honneur est le mobile de toutes les actions.

Il ne cherchera pas non plus à acquérir de la popularité par des familiarités de mauvais aloi. Si l'officier est jeune, il évitera de tutoyer les hommes qu'il a sous ses ordres. S'il est âgé, s'il a contracté cette habitude en servant dans des corps de troupe indigènes, nous croyons qu'il peut le faire sans inconvénient. Cette manière de faire n'implique aucune idée de mépris, bien au contraire, car un chef qui tutoie ses soldats le fait au même titre qu'un père à l'égard de ses enfants.

Enfin, à la guerre, il n'oubliera pas que le

soldat a constamment l'œil sur son officier; s'il l'entend se plaindre des fatigues, du retard dans l'arrivée des vivres, de la mauvaise installation du cantonnement, etc , critiquer les dispositions prises, le soldat fait comme son chef, il se plaint, il critique, se démoralise et finit par ne plus marcher. Si, au contraire, il a devant lui ce type si répandu dans notre armée, de l'officier calme, souriant, insensible en apparence aux fatigues et aux privations, le soldat fait comme son officier et il marche toujours en avant sans regret comme aussi sans plainte.

Si, au bivouac, il voit l'officier plus préoccupé de ses soldats que de lui-même, leur donner de bons et utiles conseils, le soldat n'aura que du respect pour son officier et de la confiance en lui; ces sentiments deviennent du dévouement et, avec des hommes dévoués, on peut faire beaucoup.

Au moment du combat, l'homme accepte facilement l'autorité d'une volonté maîtresse d'elle-même, servie par un coup d'œil exercé; il marche avec plus de confiance s'il sent auprès de lui des officiers calmes et réfléchis, capables de diriger leurs soldats, de les placer avec intelligence, de les pousser en avant et de les retirer à propos, de régler leur tir et de les rallier à temps sur un terrain propice. « Il faut, écrit le général Trochu, développer chez le soldat un enthousiasme sérieux et réfléchi et non cette exaltation extérieure qui mène au désordre et au découragement.

» Dû souvent à la parole confiante du chef, cet enthousiasme n'est une force qu'autant qu'il est opportun, contenu et réglé; il se traduit alors par de la résolution dans l'attitude et de l'énergie dans l'action. »

Le calme des officiers et des sous-officiers quand il est inébranlable a une influence irrésistible sur ceux qui s'étourdissent dans le désordre et dans le bruit. Au combat, chacun doit obéir et marcher, tel est le devoir; mais, pouvons-nous espérer étouffer complètement l'instinct de la conservation, éteindre les émotions et l'agitation nerveuse des troupes sous le feu?

On doit chercher à maitriser ces impressions en développant chez le soldat les idées d'honneur et d'abnégation et en diminuant à ses yeux, par de sérieuses réflexions, l'importance du danger. Ces réflexions seront faites dans les causeries du bivouac et renouvelées brièvement au moment d'entrer en action. (Extrait d'un manuel de connaissances militaires pratiques, par un officier d'état-major.)

CHAPITRE V

De la discipline.

35. — **D.** *Que signifie le mot discipline?*

R. Le mot discipline signifie règle et obéissance à la règle.

36. — **D.** *Qu'est-ce que la discipline?*

R. La discipline est l'ensemble des moyens employés pour obtenir de bons soldats soumis à la volonté de leurs chefs et animés du sentiment du devoir.

37. — **D.** *Que serait une armée sans discipline?*

R. Une armée sans discipline ne saurait être qu'une institution coûteuse, insuffisante pendant la guerre, dangereuse pendant la paix. « Autorité en haut, obéissance en bas, c'est la discipline, c'est le souffle de l'armée. » (Maréchal de Moltke.)

Les principes généraux de la subordination et de la discipline, du règlement français, ont été tracés de main de maître dans une page mémorable due à la plume du maréchal de Gouvion Saint-Cyr; cette page figurait, telle que nous la retrouvons aujourd'hui, dans le règlement du 2 novembre 1833. On n'a cru mieux faire qu'en la reproduisant dans toute sa beauté, en tête du règlement du 28 décembre 1883.

Cependant, bien des années se sont écoulées; les institutions de l'armée se sont profondément modifiées et, malgré cela, ce que nous disait cette page est aussi vrai, aussi juste, aussi indispensable aujourd'hui qu'il y a soixante ans; aussi a-t-elle conservé toute son autorité.

C'est que les principes de la discipline sont immuables : ils seront dans cent ans ce qu'ils sont aujourd'hui.

38. — **D.** *Sur quoi repose le fonctionnement de la discipline?*

R. Le fonctionnement de la discipline repose sur la hiérarchie.

39. — **D.** *Par quoi est constituée la hiérarchie militaire?*

R. La hiérarchie militaire est constituée par

la succession des différents grades depuis celui de caporal jusqu'à la dignité de maréchal de France.

41. — **D.** *Comment se doit l'obéissance?*

R. L'obéissance se doit de grade à grade et à grade égal à l'ancienneté.

Développement du principe de l'obéissance.

L'inférieur doit obéir sans rien objecter et sans donner des marques de mauvaise humeur ou de mauvais vouloir ; il doit, quand un ordre est donné, mettre de côté sa manière de voir personnelle et obéir respectueusement.

Tout militaire doit professer un profond respect pour tout ordre donné.

« Il importe essentiellement, dit une circulaire ministérielle du 8 mai 1879, qu'un ordre quel qu'il soit ne tombe jamais en désuétude : ou il doit être officiellement rapporté, ou, tant qu'il existe, il doit être religieusement exécuté. » La nécessité de rappeler constamment l'exécution de tel ou tel ordre, prouve en bas l'indiscipline, en haut l'insuffisance du commandement. Rien n'est plus préjudiciable au prestige de l'autorité.

42. — **D.** *Quels sont les moyens dont dispose l'autorité militaire pour assurer la discipline?*

R. Les moyens dont dispose l'autorité militaire pour assurer la discipline sont les récompenses et les punitions.

CHAPITRE VI

De la conduite à tenir, par les officiers et les soldats sur le champ de bataille et dans les différentes circonstances de guerre.

43. — **D.** *Quels sont les devoirs des officiers et des sous-officiers pendant le combat?*

R. Pendant le combat, les officiers et les sous-officiers s'emploient avec énergie au maintien de l'ordre et retiennent à leur place par tous les moyens en leur pouvoir les militaires sous leurs ordres; au besoin, ils forcent leur obéissance. (Décret du 26 octobre 1883.)

44. — **D.** *Quels sont les devoirs des soldats pendant le combat?*

R. Pendant le combat, les soldats doivent faire tous leurs efforts pour assurer la victoire et n'avoir d'autre devise que : « Vaincre ou mourir. »

Ils ne doivent ni rester en arrière, ni s'éloigner pour dépouiller les morts, escorter les prisonniers ou transporter les blessés. Le premier intérêt comme le premier devoir est d'assurer la victoire qui, seule, peut garantir aux blessés les soins de la mère-patrie.

45. — **D.** *Quelles sont les recommandations que les officiers doivent faire aux soldats?*

R. Les officiers rappellent aux soldats que

la générosité honore le courage, que les prisonniers de guerre ne doivent jamais être insultés, maltraités ni dépouillés. (Règlement du 26 octobre 1883.)

46. — **D.** *Comment doivent être traités les prisonniers de guerre?*

R. Chacun d'eux doit être traité avec les égards dus à son rang.

47. — **D.** *N'y a-t-il pas d'autres observations très importantes à faire au soldat avant le combat?*

R. L'officier doit faire remarquer que s'il y a quelquefois du danger à faire son devoir, il y en a toujours à chercher à s'y soustraire, et comme l'a écrit un poète : Une balle dans le dos tue aussi bien qu'au ventre », et, pour être moins longtemps frappé, il faut frapper plus fort.

48. — **D.** *Que doit faire tout militaire qui commande une place de guerre ou un fort isolé, attaqué par l'ennemi?*

R. Il ne doit jamais perdre de vue qu'il défend un des boulevards de la Patrie, l'un des points d'appui de ses armées et que, de sa reddition avancée ou retardée d'un seul jour, peut dépendre le salut du pays. (Règlement sur le service en campagne.)

49. — **D.** *A quoi la loi condamne-t-elle tout commandant de place ou de fort qui a laissé tomber l'ouvrage dont il avait la défense aux mains de l'ennemi?*

R. La loi condamne à la peine de mort, avec dégradation militaire, tout commandant d'une place de guerre ou d'un fort reconnu coupable d'avoir rendu la place à l'ennemi avant d'avoir épuisé tout les moyens de défense dont il disposait et sans avoir fait tout ce que lui prescrivaient le devoir et l'honneur.

50. — **D.** *Que doit faire tout commandant de place ou de fort arrivé au terme de la résistance?*

R. Il détruit ses drapeaux et tout le matériel de guerre.

51. — **D.** *Que doit-il faire s'il est obligé de se rendre?*

R. Il ne sépare jamais son sort de celui des officiers de la troupe; il s'occupe surtout d'améliorer les conditions faites aux soldats et de stipuler, pour les blessés et les malades, toutes les clauses d'exception et de faveur qu'il peut obtenir. (Service en campagne.)

52. — **D.** *Quelles sont les récompenses accordées pour une défense honorable?*

R. La loi prescrit que tous officier commandant une place qui, après un siège, l'aura conservée contre les efforts de l'ennemi, recevra, en présence de ses troupes, la récompense due à ses services. La même distinction sera accordée aux militaires qui se seront signalés dans la défense. (Service des places.)

53. — **D.** *Que prescrit la loi relativement à*

l'officier tué dans l'accomplissement de son devoir ou mort de ses blessures après une défense honorable?

R. La loi prescrit qu'il sera inhumé avec des honneurs spéciaux que le gouvernement déterminera, que ses enfants seront placés dans les institutions publiques et que sa veuve recevra une pension spéciale à titre de récompense nationale.

54. — **D.** *Que prescrit la loi pour récompenser le courage des défenseurs?*

R. Elle prescrit que les batteries et les ouvrages extérieurs des places de guerre recevront le nom des officiers, et les militaires sous leurs ordres qui se seront honorés en concourant à cette défense recevront également des témoignages publics de la reconnaissance de la Patrie.

55. — **D.** *Qu'advient-il à un soldat blessé au service de son pays et que ses blessures mettent dans l'incapacité de gagner sa vie?*

R. L'Etat pourvoit à tous ses besoins, soit en l'envoyant à l'Hôtel des Invalides, où nos glorieux mutilés reçoivent des soins réellement touchants, entourés du respect de tous, soit en lui servant une pension de retraite.

Bien que soumis à certaines règles de discipline militaire, les invalides y jouissent néanmoins d'une très grande liberté.

65. — **D.** *Si le militaire blessé veut rester*

dans sa famille et ne pas aller aux Invalides, que fait l'Etat pour lui?

R. Il est absolument libre et, dans ce cas, l'Etat lui sert une pension de retraite, proportionnée au grade qu'il avait dans l'armée et qui, même pour les simples soldats est suffisante pour mettre ses jours à l'abri du besoin.

57. — **D.** *Le militaire que ses blessures mettent hors d'état de gagner sa vie peut-il recevoir du gouvernement une autre faveur que sa pension de retraite?*

R. Il peut être décoré de la Légion d'honneur ou de la médaille militaire, et recevoir du gouvernement une place en rapport avec ses aptitudes : recette buraliste, bureau de tabac, perception, etc.

CHAPITRE VII

Des sentinelles.

58. — **D.** *En campagne, à quoi est tenu le soldat qui est en faction?*

R. Il est tenu d'observer sa consigne jusqu'à la mort.

59. — **D.** *Que doit faire une sentinelle qui se trouve surprise par l'ennemi?*

R. Elle ne doit pas hésiter, dût-elle tomber percée de cent coups de baïonnettes, à tirer alors même que toute défense serait inutile, car le salut du petit poste peut dépendre de cet avertissement. (Règlement sur le service en campagne.)

En ce cas particulier, les sentinelles doivent suivre l'exemple du chevalier d'Assas, capitaine au régiment d'Auvergne, et du sergent Dubois qui, le 11 octobre 1760, se trouvant en reconnaissance dans les environs de Clostercamp (Allemagne), tombèrent dans une embuscade ennemie : « Si vous poussez un cri, dit l'officier allemand, vous êtes morts. » Alors d'Assas et Dubois, n'écoutant que leur courage, crièrent d'une voix vibrante : « A moi, d'Auvergne ! Voilà l'ennemi ! » Ils tombèrent percés de coups, mais le régiment ne fut pas surpris.

« Une surprise, disait Kléber, est plus déshonorante qu'une défaite. »

D'ailleurs, le règlement sur le service en campagne s'exprime sans phrase à ce sujet; il dit simplement : « Le commandant des avant-postes est responsable de la sûreté des troupes qu'il est chargé de couvrir. » Cette responsabilité, qui lui incombe de par le règlement, veut dire que son honneur militaire est engagé.

60. — **D.** *Dans le service des places, que représente une sentinelle ?*

R. Elle représente la loi, aussi est-elle inviolable : personne ne peut ni l'outrager, ni forcer sa consigne, encore moins la frapper, sans encourir toute la rigueur des lois.

61. — **D.** *Que doit faire une sentinelle qui est attaquée ?*

R. Elle doit se défendre. La loi l'autorise à

se servir de ses armes et lui donne le droit de tuer ses agresseurs.

61 *bis.* — **D.** *Qu'entendez-vous par protection accordée par la loi aux sentinelles ?*

R. C'est le droit qu'elle lui accorde de se servir de ses armes pour sa défense personnelle et les pénalités que la loi édicte contre ceux qui ont insulté ou voulu forcer la consigne d'une sentinelle.

CHAPITRE VIII

Des récompenses et des punitions. — Médaille militaire, Légion d'honneur, etc.

62. — **D.** *Quelles sont les récompenses qu'un soldat peut mériter pour sa belle conduite devant l'ennemi ?*

R. Ces récompenses sont : l'avancement, la médaille militaire, la croix de la Légion d'honneur, la citation à l'ordre de l'armée, la citation au bulletin des opérations.

63. — **D.** *Qu'est-ce que l'avancement ?*

R. L'avancement est la nomination au grade supérieur sans condition d'ancienneté dans le grade précédent, pour ceux qui ont été blessés grièvement ou qui ont accompli une action d'éclat.

L'avancement s'adresse à l'ambition légitime de tout homme.

64. — **D.** *Qu'entendez-vous par action d'éclat?*

R. On entend par action d'éclat la prise d'un drapeau ennemi, d'un camp, d'une batterie, l'attaque ou la défense victorieuse d'une position contre un ennemi supérieur en nombre, la vie sauvée à l'un de ses chefs, etc.

65. — **D.** *Qu'est-ce que la médaille militaire?*

R. La médaille militaire est une décoration qui a été créée en 1852 par l'empereur Napoléon III pour récompenser les mérites militaires des hommes de troupe. Une dotation annuelle de cent francs est attachée à cette décoration.

La médaille militaire est un acheminement vers la croix de la Légion d'honneur.

66. — **D.** *Combien faut il avoir d'années de service pour pouvoir obtenir la médaille militaire?*

R. Il faut avoir au moins sept ans de service, campagnes comprises, pour pouvoir être proposé pour la médaille militaire (pour cette proposition les campagnes ne comptent jamais doubles); mais, en campagne, une action d'éclat, une blessure grave dispensent des conditions d'ancienneté.

67. — **D.** *Comment se porte la médaille militaire, comment est-elle et quelle est sa devise?*

R. La médaille militaire se porte sur le côté gauche de la poitrine, le ruban étant posé à hauteur de la seconde rangée des boutons de la tunique ou de la capote, l'effigie de la République apparente.

La médaille militaire est en argent doré, surmontée d'un trophée d'armes et est suspendue par un ruban de soie moirée jaune, limité de chaque côté par une raie verte. La médaille porte d'un côté l'effigie de la République et de l'autre, la devise : « VALEUR ET DISCIPLINE. »

68. — **D.** *La médaille militaire ne se donne-t-elle qu'aux hommes de troupe ?*

R. Non, car dans le but d'honorer l'institution, cette médaille s'accorde aussi aux maréchaux de France et amiraux, ainsi qu'aux généraux de division qui ont commandé en chef. C'est pour eux le plus grand honneur qu'ils puissent obtenir.

69. — **D.** *Que doit faire un soldat qui rencontre un de ses camarades décoré de la médaille militaire ?*

R. Il doit le saluer et, s'il est sous les armes, il doit rectifier la position.

70. — **D.** *Qu'est-ce que la Légion d'honneur ?*

R. La Légion d'honneur est une institution créée en 1802 par l'empereur Napoléon Ier, dans le but de récompenser les mérites civils et militaires.

71. — **D.** *N'y a-t-il pas une hiérarchie dans l'ordre de la Légion d'honneur ?*

R. Oui, il y a cinq grades qui sont : chevalier, officier, commandeur, grand-officier et grand-croix.

Les grands-officiers et les grands-croix sont des dignitaires.

72. — **D.** *Comment est la croix de la Légion d'honneur ?*

R. La croix de la Légion d'honneur est en argent ou en or suivant le grade ; elle se compose d'une étoile à cinq branches en émail blanc reposant sur une couronne de chêne et de laurier peinte en vert. D'un côté se trouve l'effigie de la République, de l'autre la devise : « HONNEUR ET PATRIE. » L'étoile est surmontée d'une petite couronne de chêne et de laurier qui, depuis 1870, a remplacé le diadème qui s'y trouvait.

La croix est suspendue par un rubau de soie moirée rouge.

73. — **D.** *Comment se porte la croix de chevalier et celle d'officier ?*

R. La croix de chevalier est en argent, celle d'officier est en or ; le ruban de la croix d'officier est recouvert d'une rosette ; l'une et l'autre de ces deux croix se portent sur le côté gauche de la poitrine ou à la boutonnière.

74. — **D.** *Comment se porte la croix de commandeur ?*

R. La croix de commandeur est d'un modèle plus grand que celle de chevalier et d'officier ; elle est en or et se porte suspendue au cou par un ruban formant cravate et qui est plus large que celui des chevaliers et des officiers

75. — **D.** *A quoi reconnaissez-vous un grand-officier de la Légion d'honneur ?*

R. Il porte une croix d'officier sur le côté gauche de la poitrine et, sur le côté droit, une plaque en argent portant la devise : « HONNEUR ET PATRIE. »

76. — **D.** *Comment se portent les insignes de grand-croix ?*

R. Les grands-croix portent sur le côté gauche de la poitrine une plaque en argent d'un module un peu plus grand que celle des grands officiers ; la croix est portée à la poignée de l'épée et soutenue par un large ruban, passant sur l'épaule et traversant toute la poitrine et le dos, comme une banderole.

77. — **D.** *Quelle dotation est attachée aux différents grades de la Légion d'honneur ?*

R. La croix de chevalier donne droit à une dotation annuelle de 250 francs, celle d'officier à 500 francs, commandeur 1,000 francs, grand-officier 2,000 francs, grand-croix 3,000 francs.

78. — **D.** *A quels honneurs ont droit les membres de la Légion d'honneur ?*

R. Les membres de la Légion d'honneur ont droit au salut des militaires du même grade non décorés.

Les chevaliers et les officiers ont droit au port d'armes des factionnaires lors même qu'ils porteraient les insignes de la Légion d'honneur sur une tenue bourgeoise. Les sentinelles présentent les armes aux commandeurs, aux grands-officiers et aux grands-croix.

79. — **D.** *A quelle cérémonie donne lieu la réception d'un membre de la Légion d'honneur?*

R. La réception d'un membre de la Légion d'honneur donne lieu à une cérémonie des plus imposantes.

Toutes les troupes de la garnison prennent les armes; tous les membres de la Légion d'honneur de la garnison sont réunis en un peloton qui se forme derrière le récipiendaire. Les tambours ouvrent le ban, les troupes portent les armes, l'officier le plus élevé en grade dans l'ordre de la Légion d'honneur met l'épée à la main et prononce d'une voix forte la formule suivante :

« Au nom du Président de la République française et en vertu des pouvoirs qui me sont conférés, je vous fais chevalier de la Légion d'honneur. »

Il lui attache sur la poitrine les insignes de l'ordre et le sacre chevalier en le frappant sur les épaules avec le plat de son épée, puis il lui donne l'accolade et les troupes défilent.

80. — **D.** *Quel est le but des médailles commémoratives?*

R. Les médailles commémoratives ont pour but de perpétuer le souvenir de campagnes lointaines et d'événements glorieux.

81. — **D.** *Quelles sont les médailles commé-*

moratives que l'on peut voir, de nos jours, briller sur la poitrine de nos soldats ?

R. Ces médailles sont celle du Tonkin et celle de Madagascar.

82. — **D.** *N'y a-t-il pas d'autres médailles commémoratives ?*

R. Si, il y a encore la médaille de Sainte-Hélène, de la Baltique et de Crimée, celles d'Italie, de Chine, du Mexique, et celle de Mentana.

Renseignements relatifs aux médailles commémoratives et au port des décorations.

La médaille de Sainte-Hélène (il ne restait, en 1889, qu'une centaine de titulaires de cette médaille) a été créée par Napoléon III en 1857. Cette médaille fut donnée à tous les anciens soldats du premier Empire, les « Vieux de la Vieille », comme on les appelait, et qui avaient servi de 1792 à 1815. Elle est en bronze et se porte suspendue sur la poitrine à l'aide d'un ruban de soie moirée rayé vert et rouge. Cette médaille porte, d'un côté l'effigie de Napoléon Ier, et de l'autre la légende suivante : « A ses compagnons de gloire sa dernière pensée. »

Les médailles de Crimée et de la Baltique sont en argent et d'un assez grand module ; elles ont été données par la reine d'Angleterre aux militaires et marins des armées franco-anglo-italiennes qui ont pris part à ces deux campagnes. Le ruban de la médaille de Crimée comporte jusqu'à quatre agrafes, petites bandes d'argent qui traversent le ruban dans toute sa largeur et correspondent aux périodes les plus importantes de la guerre de Crimée. Les médailles de la Crimée et de la Baltique portent, d'un côté l'effigie de la Reine d'Angleterre Victoria, et de l'autre un sujet allégorique, « la Gloire couronnant un guerrier ».

Les médailles d'Italie, de Chine et du Mexique, toutes trois du même module, ont été instituées par l'empereur Napoléon III ; elles portent, d'un côté son effigie, de l'autre les noms des événements mémorables de la campagne à laquelle chacune d'elles se rapporte.

Les médailles du Tonkin et de Madagascar, du même module que les trois précédentes, portent, d'un côté l'effigie de la République victorieuse, de l'autre les principaux événements de la campagne à laquelle se rapporte chacune d'elles.

La médaille de Mentana (1867) a été donnée par Sa Sainteté le pape Pie IX ; elle est en métal blanc. C'est une croix à quatre branches d'égale longueur, au centre de laquelle se trouvent les armes du Souverain Pontife.

Les rubans des différentes médailles sont de la couleur suivante ; celui de la médaille de Crimée est bleu avec un liséré jaune de chaque côté ; celui de la médaille de la Baltique est jaune avec un liséré bleu de chaque côté. On ne voit plus briller ces deux médailles que sur la poitrine de nos officiers généraux.

Celui de la médaille d'Italie se compose de raies blanches et roses.

Celui de la médaille de Chine (1860) est jaune, avec deux caractères chinois brodés en soie bleue sur le milieu du ruban.

Celui de la médaille du Mexique (de 1863 à 1867) est blanc avec les armes du Mexique.

Celui de la médaille de Mentana (1867) se compose de raies blanches et bleu de ciel.

Celui de la médaille du Tonkin se compose de raies jaunes et vertes.

Les raies de tous ces rubans sont verticales par rapport à la décoration.

Celui de la médaille de Madagascar se compose de raies transversales vertes et bleues, qui donnent à ce ruban un aspect de couleur indécise, difficile à déterminer.

L'arrêté ministériel du 30 mars 1887 prescrit que « la décoration de la Légion d'honneur, la médaille militaire et tous les insignes à l'effigie de la République doivent toujours être portés la face représentant l'effigie de la République étant apparente. Les décorations françaises sont portées dans l'ordre suivant : Légion d'honneur, médaille militaire, médailles commémoratives, palmes universitaires, Mérite agricole, médailles d'honneur, et doivent toujours être placées sur la poitrine avant toute croix étrangère.

» Les rubans des médailles commémoratives ne peuvent jamais être portés sans l'insigne.

» Ces médailles doivent être placées sur le côté gauche de la poitrine, le ruban étant placé à la hauteur de la seconde rangée de boutons de la tunique, du dolman, de la veste ou de la capote.

» Les décorations étrangères ne doivent jamais être intercalées au milieu de décorations françaises. »

Les médailles d'honneur ou de sauvetage sont données par le Ministre de l'Intérieur, pour récompenser des actes de dévouement et de courage.

Les palmes académiques sont données par le Ministre de l'instruction publique pour services rendus à l'instruction et à la science. Cette distinction comprend deux degrés : les palmes d'officier d'académie et celles d'officier de l'instruction publique.

La croix du Mérite agricole a été créée en 1883; elle est donnée par le Ministre de l'agriculture et comprend des chevaliers et des officiers.

83. — **D.** *Quel est le but des décorations?*

R. Les déclarations flattent l'amour-propre de ceux qui les portent et les insignes visibles grandissent aux yeux de ses camarades le militaire récompensé, en donnant une constatation ostensible, de la bravoure, du talent ou du mérite. La Légion d'honneur et la médaille militaire récompensent les services rendus et les actions d'éclat.

Il faut avoir vingt ans de services, campagnes comprises, pour pouvoir être proposé pour chevalier de la Légion d'honneur; mais, en campagne, une blessure grave, une action d'éclat et, en tout temps, des services exceptionnels, peuvent dispenser des conditions d'ancienneté réglementaires.

84. — **D.** *En quoi consiste la citation à l'ordre de l'armée?*

R. La citation à l'ordre de l'armée consiste à voir le fait d'armes dont on a été le héros, porté par la voie de l'ordre à la connaissance de toute l'armée et à avoir l'inscription de ce même fait d'armes faite sur ses états de service, livret matricule et individuel, etc.

85. — **D.** *En quoi consiste la citation au bulletin des opérations ?*

R. A voir le fait d'armes dont on a été le héros, porté non seulement à la connaissance de l'armée, mais encore porté par la voie de la presse officielle à la connaissance de la nation entière, par conséquent à voir passer son nom à la postérité, lié pour toujours à l'histoire de son pays.

Mention de la citation au bulletin des opérations est faite également sur les états de services des intéressés.

Réflexions sur les moyens de récompense.

« Les récompenses basées sur l'opinion ont cela de merveilleux qu'elles sont susceptibles de nuances infinies, et qu'elles agissent puissamment sur les cœurs généreux. » (Marmont)

On doit éviter de généraliser, de prodiguer les récompenses; au contraire, les restreindre à des cas particuliers, sortant de l'ordinaire.

Si l'on se montre sobre dans la distribution des récompenses, si l'on veille à les graduer suivant l'importance de l'acte accompli, si l'on apporte beaucoup de justice, de tact et de délicatesse dans la distribution des récompenses, on en doublera la valeur et on entretiendra l'émulation, noble qualité qui enfante souvent de grandes choses. Le maréchal Bugeaud dit : « Les récompenses distribuées avec une justice parfaite portent aux belles actions, tandis que les faveurs indignement placées découragent même la bravoure. »

Mais on doit apprendre au soldat qu'il ne doit pas se laisser entraîner par l'appât des récompenses pour faire son devoir ; on doit le convaincre que la première et la plus noble des récompenses est la satisfaction du devoir accompli ; qu'en faisant preuve de courage, d'abnégation, de dévouement, en donnant sa vie pour son pays, il remplit un devoir que l'argent ne saurait payer et que la considération et le respect de tous peuvent seuls reconnaître un pareil sacrifice.

D'ailleurs, la victoire qui procurera à la France une paix glorieuse sera la première récompense de sa bravoure, le premier dédommagement de ses peines. Enfin, la rentrée triomphale, les ovations, les bouquets et les couronnes jetés sur son passage, la joie du retour au pays seront pour lui des récompenses bien légitimes et bien méritées.

En faut-il, du reste, tant que cela pour récompenser les masses? Non, une parole suffit. Une parole les a bien récompensés, ces rudes et intrépides soldats de notre première République, auxquels le général Bonaparte disait dans une de ses inimitables proclamations : « Quand vous rentrerez dans vos foyers, vous direz avec orgueil : Moi aussi, j'étais de l'armée d'Italie. »

86. — **D.** *Quelles sont les fautes que le*

soldat doit bien se garder de commettre en campagne?

R. Ces fautes sont : la consommation prématurée des vivres de réserve; le gaspillage des munitions de guerre, le mauvais entretien de sa chaussure, de son équipement, de ses effets et surtout de ses armes.

87. — **D.** *Sur quoi est basée, en campagne, la sévérité des punitions, ainsi que celle du Code de justice militaire?*

R. Sur la nécessité absolue de maintenir une rigoureuse discipline; aussi, en campagne, toutes les fautes, même les plus légères, atteignent un caractère de gravité exceptionnelle.

Marmont dit : « La justice militaire n'est pas établie d'une manière absolue, sur des principes de morale; elle a pour base la nécessité. »

88. — **D.** *Quelles sont les autres fautes qui semblent légères et qui, cependant, en campagne, sont de véritables crimes?*

R. Ces principales fautes sont : la négligence dans la surveillance des prisonniers de guerre confiés à notre garde, surtout si ces derniers se sont évadés; le sommeil d'une sentinelle. L'absence de son poste, en cas d'alerte ou à la générale. L'abandon de son poste ne fût-ce que quelques instants, la maraude, le dépouillement des morts, des blessés, etc.

89. — **D.** *Que fait un soldat qui commet une faute en campagne?*

R. Non seulement il s'expose à toute la rigueur des lois et règlements, mais encore il se déshonore.

Réflexions sur les punitions.

Pour bien exercer le droit de punir, l'officier doit posséder une parfaite connaissance des hommes et être doué d'un grand sang-froid. Le point délicat est de punir avec à-propos, de proportionner la punition à la faute; il faut savoir être quelquefois indulgent, quelquefois impitoyable. Indulgent ne veut pas dire faible. Il faut, au contraire, éviter avec soin cette fausse bienveillance qui consiste à s'excuser quand on punit.

Il ne faut pas abuser des punitions; trop souvent des supérieurs se laissent emporter par la colère, ont peur d'endosser une responsabilité, se préoccupent trop de l'opinion publique, des racontars de presse ou méconnaissent la puissance de l'effet moral; ils n'ont cherché que le côté matériel des punitions et n'ont employé que les peines les plus sévères; le résultat obtenu, en pareil cas, ne peut être que mauvais.

L'obéissance du soldat devient douteuse, l'affection pour le chef disparaît. Le goût, l'intérêt que le soldat apportait à l'accomplissement de son devoir, cesse d'exister, et souvent l'on rebute de bonnes natures.

Si la sévérité outrée et sans réflexion a des inconvénients, la faiblesse est aussi très nuisible et distend les liens de la discipline.

Trop d'indulgence énerve la discipline et il faut se rappeler que la faiblesse d'un chef lui fait quelquefois et même souvent perdre l'estime de ses subordonnés. (Extrait en partie du cours d'art militaire de l'Ecole militaire d'infanterie, année 1881.)

Pour produire tout leur effet moral, les punitions disciplinaires doivent rester, aussi longtemps que possible, pour le jeune soldat quelque chose d'inconnu et de redouté parce que c'est inconnu.

Cela importe beaucoup, car dès que le jeune soldat aura mis les pieds dans une salle de discipline, dès qu'il aura fréquenté les familiers de la salle de police et de la prison, écouté leurs discours, épousé, en matière de punition, leur manière de voir, le jeune soldat perdra bien vite la terreur salutaire que ces moyens de répression pouvaient lui inspirer.

Il en sera de même si les punitions sont trop souvent infligées, surtout pour des motifs dont la gravité n'apparait pas évidente aux yeux des délinquants; car le soldat n'attachera plus aucune importance morale aux punitions et aura bientôt pris son parti du désagrément matériel qu'elles lui peuvent causer. Finalement, ces punitions ne lui paraitront plus qu'une sorte d'accessoire obligé de la vie militaire.

Aussi, répéterai-je qu'il est d'une haute importance de pouvoir s'abstenir de punir un jeune soldat, en exigeant néanmoins de lui, bien entendu, le strict accomplissement de tous ses devoirs militaires. Dans cette dernière condition, les punitions, même les plus légères, conserveront pour lui le caractère d'un fait anormal, extrordinaire, faisant tache en quelque sorte dans sa vie de soldat !

90. — **D.** *En matière de punitions, en quoi le soldat doit-il mettre son orgueil ?*

R. A quitter le corps, après ses trois ans de service, avec un folio de punitions blanc.

Nécessité de la sévérité des lois militaires en temps de guerre, et de la promptitude dans la répression de toute faute grave.

La guerre, qui vient apporter dans la vie d'une nation des modifications profondes, réclame des changements dans l'application des procédés à employer pour le maintien de la discipline.

La victoire est le but sans cesse poursuivi au milieu de pénibles obstacles et souvent à l'aide de cruels sacrifices, mais il faut l'assurer à tout prix.

Un des moyens d'assurer la victoire réside, comme nous l'avons déjà dit, dans le maintien rigoureux de la discipline ; il faut donc, si cruels que semblent les moyens à employer, y parvenir coûte que coûte : l'honneur national, le salut de la patrie et de ses défenseurs en dépendent.

L'insuffisance de notre Code de justice militaire n'a été que trop prouvée en 1870. Le gouvernement de la Défense nationale s'en émut et dut décréter les cours martiales, vrais tribunaux militaires du temps de guerre qui punissent toutes les fautes avec la vigueur et la promptitude nécessaires.

Il faut, devant l'ennemi, que tout homme qui commet la lâcheté de fuir le champ de bataille, de dépouiller les blessés ou qui se rend coupable de cris séditieux, d'insinuations malveillantes, d'excitation au découragement, reçoive dans les vingt-quatre heures le châtiment de son forfait.

En présence de l'ennemi, il importe au plus haut degré que le chef soit assuré du concours aveugle de tous les dévouements et de tous les courages; il faut qu'il ait la conviction, la certitude que ses ordres seront exécutés sans la moindre hésitation, dussent-ils conduire à une mort certaine. L'obéissance absolue et passive, dans toute la force du terme, est plus que jamais nécessaire.

Mais c'est ici surtout que l'officier doit inspirer au soldat cette confiance qui lui rendra facile le sacrifice de sa vie; mais c'est ici aussi qu'apparait la nécessité d'investir le chef d'un pouvoir répressif d'une grande énergie.

Hoche a fait fusiller Dieudonné, général de cavalerie, pour avoir exécuté un faux mouvement; c'était très dur, mais c'était nécessaire, et il a été approuvé.

D'ailleurs, la guerre n'est pas, par elle-même, un acte humanitaire au premier chef: c'est quelquefois une nécessité impérieuse; d'ailleurs, peu nous importe, nous n'avons pas à entrer dans ces détails. La seule chose qui nous regarde, nous, soldats, lorsque la guerre éclate, est de poursuivre la victoire en justifiant la confiance que le pays a mise en nous.

CHAPITRE IX

De la confiance.

91. — **D.** *Sur quoi se base la confiance absolue que nous devons avoir dans le succès de nos armes?*

R. Sur le sentiment que nous avons de notre force militaire, sur ce que la France est prête; que depuis vingt ans, elle travaille à réparer les désastres de la guerre de 1870; sur ce qu'elle a aujourd'hui une armée de 3 millions de soldats, commandés par des chefs instruits, intelligents et d'une bravoure incontestée; sur son armement qui est de beaucoup supérieur à celui des autres puissances européennes; sur nos formidables lignes de défense et nos camps retranchés, que la richesse de notre pays et sa vitalité nous ont permis de créer ou de relever; sur le patriotisme du Parlement qui a toujours su faire taire les discussions des partis lorsqu'il s'est agi de la défense du sol sacré de la Patrie et du relèvement du Drapeau; enfin, sur le gouvernement sage et résolu qui veille sur nos intérêts et qui n'engagera la partie que toutes les chances du succès en main.

92. — **D.** *Une fois entré en campagne, le soldat doit-il avoir d'autre préoccupation que celle de marcher et de faire son devoir?*

R. Non, car tous les services de l'armée sont assurés avec un soin et une minutie dont les soldats ne peuvent se faire une idée.

93. — **D.** *Le soldat risquera-t-il de manquer de cartouches en combattants ?*

R. Non ; car, indépendamment des 112 cartouches qu'il portera constamment sur lui, il disposera, en outre, d'une réserve de cartouches portées sur des voitures, divisées en trois échelons, ce qui portera à 251 le nombre de cartouches pouvant être distribuées à chaque soldat dans un jour de bataille. Ce chiffre dépasse de beaucoup toutes les prévisions de la consommation.

Les cartouches sont réparties de la façon suivante :

Sur l'homme		112
1er échelon	caisson de bataillon...	26
	caisses blanches de fourgons à bagages.....	2
2e échelon, sections de munitions d'infanterie		65
3e échelon, sections de parc		46
	TOTAL.....	251

94. — **D.** *Le soldat en campagne, courra-t-il le risque de manquer de vivres ?*

R. Non, il ne manquera pas plus de vivres que de cartouches, car, indépendamment des deux jours de vivres qu'il portera constamment dans son sac et auxquels il ne devra jamais toucher sans en avoir reçu l'ordre, — ces vivres étant destinés à être mangés les jours d'engagement avec l'ennemi — il trouvera encore pour vingt-trois jours de vivres dans les différents échelons de l'arrière. Ce chiffre est bien plus que suffisant, étant donné que l'on peut vivre aussi sur le pays.

Les vivres sont répartis de la façon suivante :

	Jours de vivres.
Sur l'homme (dans le sac).........	2
Sur le train régimentaire...........	2
Sur le convoi administratif..........	4
Total des approvisionnements de la 1re ligne............................	8
Dans les stations magasins de l'arrière.	15
TOTAL.........	23

Les vivres du sac ne doivent être consommés que les jours d'engagement avec l'ennemi.

Les voitures du train régimentaire doivent pouvoir rejoindre dans la journée et restent toujours à la disposition des chefs de corps.

Les convois administratifs sont divisés en quatre échelons portant chacun un jour de vivres; les deux premiers échelons sont maintenus à environ une demi-journée de marche en arrière des trains régimentaires. Les deux autres échelons, chargés de même, moins le biscuit, font le service du ravitaillement sur l'arrière et peuvent transporter chacun un jour de pain.

Les stations-magasins entretiennent quinze jours de farine et de petits vivres, deux jours de biscuit, trois jours de viande de conserve, quinze jours d'avoine.

95. — **D.** *Comment les vivres des stations-magasins parviennent-ils aux corps de troupe?*

R. Les vivres des stations-magasins sont

expédiés au fur et à mesure des besoins sur les points où fonctionnent les boulangeries de campagne et sur les stations têtes d'étapes de guerre. C'est là que les convois administratifs vont s'approvisionner, puis ils reviennent vers l'armée qui est en marche et c'est aux convois administratifs que vont s'approvisionner les convois régimentaires qui, eux, par l'intermédiaire de l'officier d'approvisionnement du corps, distribuent directement aux troupes.

Pour chaque armée, un entrepreneur entretient constamment un approvisionnement de dix jours de viande sur pied.

96. — **D.** *Le soldat manquera-t-il d'outils pour détruire les obstacles qui se trouveront sur sa route lorsqu'il se portera en avant, ou pour se couvrir de retranchements qui lui permettront de se soustraire au feu de l'ennemi lorsqu'il défendra une position?*

R. Non, car, indépendamment des 999 outils qui forment l'approvisionnement d'un régiment d'infanterie et qui sont répartis de la façon suivante :

Dans chaque compagnie, 48 outils portatifs ;
Dans chaque compagnie, 24 sur le mulet de bât.

TOTAL. 72 × 12 Cies = 864

De plus, sapeurs section hors rang.. 13
Voiture régimentaire d'outils........ 122

TOTAL pour le régiment... 999 outils.

Plus une caisse d'outils pour ouvriers d'art.

Il y a, en plus, 3,854 outils par corps d'armée et 12,282 outils dans chaque parc d'armée.

Nota. Il y a dans chaque corps d'armée :

Hommes de la compagnie divisionnaire du génie : pelles 50, pioches 50, haches 38, serpes 12.

Parc de la compagnie divisionnaire : pelles 300, pioches 50, haches 22, serpes 30.

Parc du corps d'armée : Pelles 2,222, pioches 546, haches 216, serpes 330.

Totaux : pelles 2,570, pioches 646, haches 276, serpes 372.

Ce qui nous fait 3,864 outils, non compris un assez grand nombre d'outils d'art et des accessoires pour travaux spéciaux.

Chaque armée a, en plus, à son grand parc, une réserve d'outils qui semblent ne devoir être employés qu'en cas de siège ; le nombre de ces outils est considérable, il atteint le chiffre de 12,282. Comme vous le voyez, ce ne seront pas encore les outils qui nous feront défaut.

97. — **D.** *Le soldat blessé en combattant risquera-t-il de manquer de soins?*

R. Non certes, car dès que le combat est engagé, des postes de secours, desservis par les médecins et infirmiers du corps, sont établis sur le lieu même du combat ; ces postes de secours sont reliés à la ligne de feu par les brancardiers régimentaires.

Les brancardiers ont seuls mission de ramener les blessés en arrière de cette ligne. Tous les blessés, quelle que soit leur nationalité, y sont recueillis.

Les blessés, pansés au poste de secours, sont

munis d'une fiche de diagnostic et évacués en arrière sur les ambulances par les brancardiers relayés, au besoin, par les musiciens auxquels viennent s'adjoindre les voitures pour le transport des blessés, litières, cacolets, etc., etc.

Dans les ambulances, à la suite de chaque pansement, on fixe à la capote du blessé une fiche rouge pour ceux qui sont transportables et une fiche blanche aux autres.

Puis ils sont divisés en trois catégories :

1° Ceux qui sont capables de marcher ;
2° Ceux qui peuvent supporter le transport ;
3° Ceux qui ne peuvent pas être transportés.

Ceux qui peuvent marcher sont conduits après le combat dans un dépôt d'éclopés ou dirigés sur une formation sanitaire quelconque.

Ceux qui peuvent supporter le transport assis ou couchés sont conduits aux hôpitaux de campagne ou aux hôpitaux d'évacuation.

Ceux qui ne peuvent supporter le transport sont réunis à un hôpital de campagne, qui vient s'établir au lieu même où a fonctionné l'ambulance, c'est-à-dire sur le lieu même du combat.

Là aussi, nous retrouvons la formation en échelons :

1° Poste de secours (médecins du corps) ;
2° Ambulances (de la division et du corps d'armée) ;
3° Hôpitaux de campagne ;
4° Hôpitaux d'évacuation, qui, au moyen de trains sanitaires, évacuent les blessés sur les hôpitaux de l'intérieur.

98. — **D.** *Que deviennent les blessés non*

transportables dans le cas de mouvement rétrograde de l'armée ?

R. Les hôpitaux de campagne dans lesquels ils sont soignés restent sur place (conformément à l'article 3 de la Convention de Genève) jusqu'à ce que le traitement des blessés soit complètement assuré.

CHAPITRE X

Convention de Genève.

99. — **D.** *Qu'est-ce que la convention de Genève ?*

R. C'est une convention établie entre tous les peuples civilisés et qui a pour but principal d'améliorer le sort des militaires blessés dans les armées en campagne. Par cette convention, les ambulances et hôpitaux militaires ainsi que tout leur personnel, intendants, médecins, infirmiers, officiers d'administration, aumôniers, etc., sont neutres. Ils doivent porter un brassard blanc avec une croix rouge.

100. — **D.** *Qu'est-ce qui permet de constater l'identité des morts ramassés sur le champ de bataille ?*

R. C'est leur plaque d'identité.

101. — **D.** *Quels sont les devoirs des belligérants à l'égard des morts restés entre leurs mains ?*

R. Pour l'intérêt des familles et pour la

régularité de l'état civil, les belligérants doivent se communiquer la liste des morts tombés en leur pouvoir et remettre, en même temps, les objets trouvés sur les défunts et qui étaient leur propriété personnelle.

Le respect des morts est la règle absolue chez les nations civilisées.

102. — **D.** *Tous les moyens de nuire à l'ennemi sont-ils bons à la guerre?*

R. Non, les lois de la guerre en proscrivent un certain nombre, les uns comme perfides, les autres comme barbares. Toute cruauté ou rigueur inutile est interdite; on ne doit jamais frapper, blesser ou tuer un ennemi qui se rend et les belligérants doivent s'interdire, pour toute troupe régulièrement organisée, l'emploi d'armes, de projectiles ou de matières propres à causer des souffrances inutiles.

103. — **D.** *Les ruses de guerre sont-elles permises?*

R. Oui, pourvu qu'elles soient exemptes de perfidies.

104. — **D.** *Un militaire blessé a-t-il les moyens de faire son testament et peut-il recevoir les secours de sa religion?*

R. Oui, il peut faire son testament et le déposer entre les mains de l'officier d'administration de l'ambulance où il a été transporté, ou le dicter à ce dernier qui remplit, en campagne, les fonctions d'officier d'état civil.

Il peut même, sur le champ de bataille et à

l'ambulance, recevoir les secours de sa religion, des aumôniers, pasteurs et rabbins étant attachés à chaque division.

CHAPITRE XI

Conclusions.

105. — **D.** *La France risque-t-elle d'être surprise par une invasion subite de l'étranger?*

R. Non; car nous avons des représentants dans tous les pays du monde et nos ambassadeurs, nos consuls, nos attachés militaires veillent de près à tout ce qui se passe et aucun mouvement de troupe ayant une certaine importance ne peut se faire à l'étranger sans que le gouvernement en soit informé dans les vingt-quatre heures.

106. — **D.** *Sommes-nous prêts et devons-nous craindre la guerre?*

R. Oui, certes, nous sommes prêts et bien prêts; cela n'est cependant pas une raison pour que nous cherchions à troubler la paix de l'Europe; nous en sommes, au contraire, le plus solide point d'appui; mais, si nous étions attaqués, nous n'aurions qu'à nous en réjouir, car ce serait pour nous l'occasion d'une revanche éclatante.

Des raisons qui doivent nous faire préjuger de la victoire.

Comme nous le disions plus haut, rien ne peut se passer en Europe sans que le gouvernement en soit informé dans les vingt-quatre heures par nos agents diplomatiques et nos attachés militaires. Les uns et les autres veillent avec un soin jaloux à tout ce qui est progrès dans l'armement, la tactique des peuples auprès desquels ils sont accrédités. Ils rendent compte au gouvernement de tout ce qui peut modifier leur situation militaire. Leur responsabilité et leur honneur sont en jeu, nous pouvons être persuadés qu'ils ne failliront pas à leur devoir.

Quant à cette formidable machine qui s'appelle l'armée française, elle a la certitude d'avoir toujours à sa tête, comme Ministre de la guerre, un homme d'une vaste intelligence, ayant fait ses preuves, choisi parmi les sommités des intelligences nationales et, de plus un homme, n'ayant d'autre objectif, d'autre politique que la grandeur de la Patrie. Nos destinées sont donc en bonnes mains.

Quant à notre mobilisation, nous sommes assurés de la voir s'effectuer dans le minimum de temps possible. Ses rouages si compliqués ont été mis à l'épreuve dans les différents exercices de mobilisation.

Chaque Français y a sa place marquée, chaque homme connait les devoirs qui lui incombent et sait ce qu'il aurait à faire à cette heure solennelle.

Nous avons aussi de bonnes raisons pour croire que nous avons devancé tous les peuples dans la voie du progrès en ce qui a trait aux sciences militaires et au perfectionnement de l'armement.

Notre fusil de petit calibre, à trajectoire tendue et à poudre sans fumée, est un progrès que les autres nations européennes sont encore à réaliser, et nos pièces d'artillerie ont, de même une supériorité incontestée. Oui, mes amis, vous qui êtes aujourd'hui retirés du service, après avoir accompli le temps exigé par la loi, vous, établis négociants, industriels, cultivateurs, artistes, etc., vous pouvez vaquer tranquillement à vos occupations journalières, sans souci du lendemain. Vous pouvez payer de gaîté de cœur vos impôts, vos patentes, vos monopoles. Ne vous plaignez pas, car vous payez encore bon marché la sécurité dans laquelle vous vivez et cette sécurité est grande.

Voyez plutôt si vous pouvez en douter.

Au camp de Châlons, se trouve une Ecole normale de tir, où sont réunis un certain nombre d'officiers d'élite qui étudient journellement avec la plus grande minutie la vulnérabilité des formations tactiques ; ils recherchent et indiquent, d'après le résultat de leurs expériences, les formations dans lesquelles on doit se présenter devant l'ennemi pour subir le moins possible de pertes.

Les formations tactiques sont ensuite réglementées par une commission spéciale, d'après le résultat de ces études. Dans les différentes écoles du génie : Versailles, Arras, Montpellier. Un certain nombre d'officiers d'infanterie, détachés tous les ans de leur corps de troupe, vont apprendre dans ces écoles la meilleure façon de se terrer pour échapper aux coups de l'ennemi et les moyens d'attaque les plus rationnels.

L'Ecole supérieure de guerre, installée à Paris, forme des officiers d'état-major jeunes, instruits, actifs et intelligents, sur lesquels le commandement peut se reposer.

A Chalais (près Meudon), notre Ecole d'aérostation militaire, sous la direction du commandant Renard, semble avoir devancé de beaucoup les autres puissances dans la résolution du problème de la direction des ballons.

Notre direction des chemins de fer, confiée à des hommes techniques, est à même de transporter en très peu de temps des millions d'hommes à la frontière. Nos approvisionnements de toute nature en vivres, fourrages, habillement, campement, armes et munitions, outils, matériel roulant, hôpitaux de campagne, ambulances, équipages de pont, etc., sont au complet.

Les corps de troupe, formés dès le temps de paix en brigades, divisions, corps d'armée, pourvus de tous leurs services, ont leurs états-majors, connaissent leurs chefs et ces derniers savent dès le temps de paix ce qu'ils peuvent attendre de leurs subordonnés. Tous les services de nos armées, celui de la trésorerie, des postes et télégraphes, de la justice militaire et des cultes, sont organisés. Tout est prêt, nous n'attendons qu'un signal, une simple affiche, un ordre télégraphique pour entrer en action et faire pâlir nos ennemis.

107. — **D.** *Que vous représente l'armée française mobilisée?*

R. La nation entière sous les armes : 3 millions de soldats accourant pour défendre leur drapeau et leur liberté; quarante corps d'armée, organisés dès le temps de paix, pourvus de tout le matériel nécessaire et marchant à la frontière; tout un peuple, en un mot, animé de la même volonté de vaincre ou de mourir enseveli sous les ruines de la patrie.

IIe PARTIE

INTRODUCTION

Nous n'entreprendrons pas de faire dans cette deuxième partie le récit des nombreux actes de courage, de patriotisme, de bravoure et de dévouement que nous aurions pu mettre à l'appui de nos définitions de la première partie.

Les exemples de toutes ces belles vertus, dont ont fait tant de fois preuve nos soldats, nos citoyens, voire même souvent nos femmes françaises, sont tellement nombreux que nous n'aurions eu que l'embarras du choix.

Un grand nombre de ces exemples se trouvent du reste condensés dans les excellents livres de théorie de MM. Coralys, Heumann, Faurie, Reynès, etc., mais les citations de ce genre, pouvant se multiplier à l'infini, nous auraient entraîné trop loin et, en rendant notre petit livre trop volumineux, nous auraient fait sortir du cadre que nous nous sommes tracé.

C'est d'ailleurs avec intention que nous avons écarté tous les exemples ayant un caractère d'individualité, car bien que très beaux, très méritoires pour ceux qui en ont été les héros, ces actes de bravoure sont souvent dus aux hasards des circonstances, à l'inspiration du moment, à une particularité du caractère et souvent encore à un état de surexcitation momentanée.

Ces exemples, certainement très beaux, ne semblent pas tous être frappés au coin de la discipline la plus exacte.

Or, ce qu'il importe d'exalter, c'est le courage du soldat qui fait héroïquement son devoir dans le rang, restant toujours soumis à la direction de ses chefs.

Tous les Français sont braves ; surgissent les événements, tous saisiront avec le même empressement l'occasion de le montrer.

Mais, il ne faut pas que le désir de se distinguer fasse perdre de vue le but principal, c'est-à-dire l'action en commun.

Aussi, est-ce pour cette raison que nous avons fait choix, comme exemples à mettre sous les yeux des jeunes gens, de combats glorieux auxquels prirent part nos pères ou nos frères aînés, et non de faits d'armes isolés plus ou moins authentiques.

Nous avons voulu montrer à nos soldats le maximum d'effet utile que peut rendre une troupe bien disciplinée, ayant confiance en ses chefs et résolue à faire son devoir jusqu'à la mort.

Une troupe peut se composer de gens individuellement très braves, prêts à affronter tous les dangers et à donner leur vie pour la Patrie, et cependant ne faire que de la mauvaise besogne, si le désir de se distinguer pousse chacun à agir à sa guise, courant à l'aventure pour trouver l'occasion de combattre un contre dix.

Il en est de même des chefs de tous grades, qui ne doivent pas, dans le but de faire parade de brillantes qualités militaires, engager l'action avec l'ennemi, si tels ne sont les ordres et instructions du général en chef.

On est toujours obligé, pour sauvegarder l'honneur du drapeau, de soutenir une troupe engagée, et une bataille générale peut s'ensuivre contre la volonté de l'officier général qui, commande en chef. Vous voyez d'ici les inconvénients qui peuvent résulter d'une semblable façon d'agir.

Les chefs, quels qu'ils soient, ne doivent jamais perdre de vue que s'il est facile d'entamer le combat, il est très difficile, voire même presque impossible, de retirer du combat une troupe d'infanterie sérieusement engagée.

Ce que nous devons avant tout obtenir, c'est l'ensemble de tous les efforts dirigés par la même volonté sur un même but. Il faut que l'élan gérereux de tous ces cœurs qui battent sous la capote du soldat français soit pondéré ou, pour mieux dire, régularisé par les liens de la discipline : « *L'union fait la force.* »

C'est l'action en commun qu'il faut toujours envisager ; tous les courages, toutes les énergies, toutes les forces, toutes les volontés concourant au même but, le tout mis en action par le levier de la discipline, c'est le seul moyen que nous ayons d'assurer le succès et de forcer la victoire.

---

1. — **D.** *Racontez-nous sommairement le combat de Camaron. A quelle époque a-t-il eu lieu et dans quelles partie du monde ce fait d'armes s'est-il passé ?*

R. Le combat de Camaron s'est livré au Mexique (Amérique du Nord) le 30 avril 1863. C'est un des faits d'armes les plus héroïques de ce siècle. Une compagnie de la légion d'un faible effectif (3 officiers et 62 hommes presque tous Français) fut chargée de reconnaître la route que devait suivre un grand convoi se rendant de Soledad à Puebla.

Ce convoi comprenait des pièces de siège, des voitures du Trésor contenant plusieurs millions de francs, une grande quantité de vivres, etc.

Au cours de cette reconnaissance, cette compagnie fut attaquée par 2,000 Mexicains. Obligée de se retirer sur Camaron, pauvre petit village indien, elle s'y établit dans une maison qui tombait en ruine, la seule qui restât encore debout.

C'est dans cette maison en ruines que ces 62 soldats, commandés par le capitaine Danjou, ont, sous un soleil de plomb, mourant de soif, asphyxiés par la fumée, tenu tête pendant dix heures à 2,000 Mexicains, à qui ils refusèrent de se rendre, et ceux-ci n'ont pu venir à bout de leurs adversaires qu'en incendiant la bicoque, après les avoir mis tous hors de combat et avoir laissé plus de 300 des leurs sur le terrain.

Honneur à ces vaillants soldats qui, par leur résistance acharnée, sauvèrent non seulement le convoi qui, prévenu à temps de ce qui se passait à Camaron, put rétrograder, mais firent mieux encore, car ils sauvèrent l'honneur du drapeau et préférèrent mourir tous jusqu'au dernier plutôt que de se rendre.

2. — **D.** *Quelles réflexions vous inspire le combat de Camaron et qu'y voyez-vous de particulièrement remarquable faisant honneur à ces héroïques soldats?*

R. Nous remarquons que les soldats français avaient pour ennemis les Mexicains, gens civilisés, qui pas plus que nous ne maltraitaient leurs prisonniers; que ces braves gens le savaient, et que, malgré cela, ils préférèrent mourir jusqu'au dernier plutôt que de se rendre.

Développement du combat de Camaron.

Le combat de Camaron est un des faits d'armes les plus héroïques de notre siècle. Le 30 avril 1863, une compagnie de la légion étrangère d'un faible effectif (3 officiers et 62 hommes presque tous Français,) commandée par le capitaine Danjou, secondé par les sous-lieutenants Naudet et Vilain, reçut l'ordre d'aller reconnaître la route que devait suivre un grand convoi, allant de Soledad à Puebla, dont l'armée française avait entrepris le deuxième siège. Le convoi comprenait des pièces de siège, des voitures du Trésor contenant plusieurs millions de francs, une grande quantité de vivres, etc.

Privés de cavalerie, les Français ne pouvaient pousser au loin leurs reconnaissances et ignoraient que, depuis plusieurs jours, un parti de troupes ennemies, fort de 1,200 fantassins et de 800 cavaliers, était venu s'établir dans le voisinage de la route que devait suivre le convoi.

En revanche, les Mexicains, possédant une nombreuse cavalerie, étaient au courant de nos moindres mouvements.

Prévenus de la formation et du départ du convoi, ils comptaient bien s'en emparer, le sachant faiblement escorté ; mais voici ce qui se passa :

Vers 1 heure du matin, le capitaine Danjou quitte le campement de la Chiquique où se trouvait une partie de la légion étrangère ; à l'aube elle traversait Camaron, pauvre petit village indien ruiné. Après une reconnaissance sommaire des maisons du village, la petite troupe reprit sa marche en avant. Vers 7 heures du matin, n'ayant trouvé aucune trace de l'ennemi, la compagnie se rassemblait à Palo-Verde. Le soleil était déjà très chaud. Le capitaine fit faire halte, placer des sentinelles et l'on prépara le café. Trois quarts d'heure après, au moment où l'on jetait le café dans les marmites, les sentinelles signalèrent un nuage de poussière sur la route qui venait d'être suivie par la compagnie, dans la direction de Camaron. Tout à coup, dans une éclaircie de broussailles, les sentinelles aperçurent distinctement les larges chapeaux des Mexicains. « Aux armes ! » Le cri réveille tous ceux qui reposaient à l'ombre, les marmites sont renversées et, quelques minutes après, la compagnie était prête au combat.

Vers 8 heures du matin, elle se trouva cernée par une nombreuse cavalerie ; elle dut se former en carré, repoussa deux charges successives de l'ennemi menées avec beaucoup d'entrain et parvint à se faire jour jusqu'au village de Camaron, dans une des maisons duquel elle se fortifia, résolue à mourir plutôt que de se rendre.

A 9 h. 1/2 du matin, avant d'entreprendre l'attaque de cette maison, l'ennemi, confiant dans son nombre, somma d'abord le capitaine Danjou de se rendre. Il fut remercié en termes qui ne laissèrent aucun doute sur la détermination de nos vaillants soldats, et le feu commença partout à la fois.

Le capitaine Danjou, déjà blessé grièvement en Crimée, amputé d'une main, portait une main articulée. Calme, intrépide, il allait partout, animait tout le monde. L'ennemi grossissait à chaque instant. Déjà, vers 11 heures, on n'espérait plus le succès ; mais le capitaine Danjou fit promettre à ses hommes de se défendre jusqu'à la dernière extrémité. Tous le promirent. Peu après, il tombait percé d'une balle et mourait sans avoir proféré une parole.

Le sous-lieutenant Vilain prit le commandement. On avait eu à lutter jusqu'à ce moment contre 500 cavaliers et 350 guerilleros. Vers midi, on entendit battre et sonner. Il y eut une lueur d'espérance parmi les défenseurs de Camaron; on crut un instant à l'arrivée du régiment sur le lieu du combat; c'étaient, au contraire, trois bataillons ennemis, forts de 300 ou 400 hommes chacun, qui venaient ajouter le poids de leurs armes dans cette lutte déjà trop inégale. Vers 2 heures, au moment où le sous-lieutenant Vilain, mortellement frappé par une balle au front, venait d'être remplacé par le sous-lieutenant Maudet, une nouvelle sommation fut faite, mais elle fut accueillie comme la première.

L'ennemi eut alors recours à l'incendie pour réduire cette héroïque petite troupe, qui résista néanmoins jusqu'au soir. A ce moment, l'ennemi livra un assaut général et parvint à s'emparer d'une partie des bâtiments occupés par les débris de la compagnie française. C'est alors que le sous-lieutenant Maudet, voyant que de nouveaux efforts étaient inutiles, réunit les quelques hommes qui lui restaient encore et ordonna d'envoyer à l'ennemi la dernière balle, puis de se faire tuer en chargeant à la baïonnette.

Au moment où, à la tête de son monde, le brave Maudet sortait du hangar, le soldat Catteau, s'apercevant que tous les fusils étaient braqués sur son officier, se jette devant lui, lui fait un rempart de son corps et tombe foudroyé. Maudet tombe lui-même mortellement blessé de deux balles à la hanche.

Alors, l'ennemi se précipite et prend tout ce qui respire encore. L'heure fatale avait sonné, c'en était fait de la compagnie, mais elle avait tenu son serment de ne pas se rendre, et son héroïque résistance pouvait compter parmi les faits d'armes les plus glorieux qui aient jamais existé.

Telle est cette journée pendant laquelle une poignée de 62 soldats français, sans vivres, sans eau, par une chaleur torride, sous un soleil de plomb, asphyxiés par la fumée, résista pendant dix heures à 2,000 ennemis.

Leur sacrifice avait sauvé le convoi, car le commandant de l'escorte, averti à temps, avait pu s'arrêter et rétrograder sur Soledad.

Honneur à ces soldats héroïques qui combattirent jusqu'au dernier et sauvèrent non seulement le convoi, mais plus encore, l'honneur du drapeau, en préférant mourir plutôt que de se rendre. Ils vivront dans l'immortalité.

Le régiment étranger rendit les derniers devoirs aux braves qui avaient succombé dans cette lutte inégale. Sur le tombeau fut placée une modeste croix de bois portant cette inscription :

« A la mémoire de MM. Danjou, Vilain et Maudet et de la 3e compagnie du 1er bataillon de la légion étrangère, qui ont succombé le 30 avril 1863 après dix heures de lutte contre 2,000 Mexicains. »

Et toutes les fois qu'une troupe traversait Camaron, elle faisait face à la tombe et présentait les armes et l'on sentait revivre l'âme de ces quelques héros entre ces murs où ils avaient trouvé une mort si glorieuse.

Défense de Mazagran.

3. — **D.** *Que savez-vous de la défense de Mazagran?*

R. Mazagran est une petite ville de la province d'Oran, voisine de Mostaganem. Un fortin la défendait et avait pour garnison une compagnie de 123 hommes du 1er bataillon d'infanterie légère d'Afrique (zéphyrs) commandée par le capitaine Lelièvre et le lieutenant Magnien.

Elle fut assaillie les 3, 4, 5 et 6 février 1840 par plus de 12,000 Arabes soutenus par deux pièces de canon. Elle résista héroïquement et victorieusement pendant ces quatre jours aux assauts furieux de cette multitude d'ennemis.

Ce fut sa discipline qui sauva cette troupe; car dès le premier jour elle avait brûlé plus de la moitié de ses cartouches. Le capitaine ordonna de ne plus se servir que de la baïonnette pour renverser les assaillants.

Il fut scrupuleusement obéi. Aussi le quatrième jour, quand toutes les forces des assaillants, étant réunies, 2,000 d'entre eux s'élancèrent à l'assaut, ils arrivèrent jusqu'à l'enceinte et allaient y planter leur étendard, lorsqu'ils furent repoussés en désordre par une décharge générale à laquelle l'ennemi ne s'attendait plus.

Les Arabes, découragés, cessèrent de combattre et, le 7 au matin, l'ennemi disparaissait. Le capitaine Lelièvre avait conservé intact un baril de poudre, et ses hommes et lui étaient bien résolus, en cas d'insuccès, à se faire sauter plutôt que de se rendre.

Le drapeau qui flottait à Mazagran reçut 124 blessures, dont 120 provenaient des balles et 4 des boulets. Il fut donné au 1er bataillon d'Afrique, en souvenir de son admirable conduite.

Ce drapeau existe toujours; il est actuellement au Kreider; sa garde en est confiée au 1er bataillon d'Afrique. C'est le drapeau des zéphyrs ; ils n'en ont jamais eu d'autre, mais ils peuvent à bon droit être fiers de celui-là. Dans les grands jours, quand il apparait devant la troupe, on lui rend les mêmes honneurs qu'aux autres drapeaux des régiments. Le capitaine Lelièvre et ses 123 lapins sont restés légendaires dans l'armée d'Afrique.

4. — **D.** *Quel enseignement tirez-vous de la défense de Mazagran ?*

R. Un exemple de bravoure et de bonne discipline, car si les soldats n'avaient pas été bien disciplinés, s'ils n'avaient pas obéi scrupuleusement à l'ordre de leur chef, qui leur prescrivait de conserver leurs munitions, ils se seraient trouvés dès le deuxième jour à la merci de leurs adversaires et n'auraient pu, par conséquent, repousser l'attaque du quatrième jour.

Développement de l'affaire de Mazagran.

Mazagran est une petite ville de la province d'Oran, voisine de Mostaganem, dont elle peut être considérée comme la citadelle. Un fortin qui la défendait avait pour garnison 123 hommes de la 10e compagnie du 1er bataillon d'Afrique, commandés par le capitaine Lelièvre et le lieutenant Magnien. Le matériel de guerre se bornait à une pièce de 4, à 40,000 cartouches et un baril de poudre. Abd-el-Kader voulait, au début des opérations, frapper un grand coup et s'emparer d'Oran; mais il fallait auparavant s'emparer de Mazagran et de Mostaganem qui en forment en quelque sorte les ouvrages avancés.

Dès le 1er et le 2 février 1840, on signala les éclaireurs de l'ennemi. Le 3, ils arrivèrent en masse. Quatre-vingt-deux tribus avaient envoyé leurs contingents, formant ensemble 10 à 15,000 hommes. Leur apparition fut si soudaine, que le lieutenant Magnien, qui n'avait pas eu le temps de rentrer avant la fermeture des portes, fut obligé de se hisser par une corde à l'intérieur.

Les Arabes s'emparèrent sans peine de la ville que nous n'avions même pas essayé de défendre, s'installèrent dans les maisons et placèrent deux pièces de canon sur un plateau qui faisait face au fort. Le feu s'ouvre. Bientôt d'épaisses colonnes d'ennemis se précipitent vers l'enceinte. Les 123 Français les reçoivent à bout portant et en font un terrible carnage. Leur unique pièce, chargée à mitraille, abat des monceaux d'hommes et de chevaux. La fureur des Arabes redouble; ils se cramponnent aux murs et s'y font tuer à coups de baïonnette. Mais les morts sont aussitôt remplacés, et nos soldats ne cessent de tuer et de tuer encore. Sur ces entrefaites, la nuit était arrivée; les chefs arabes, surpris de la résistance, comprirent qu'ils avaient eu le tort de trop vite escompter la victoire et envoyèrent demander des secours aux tribus voisines. Leur appel fut entendu et l'attaque recommença au point du jour. Le capitaine Lelièvre n'en fut pas ébranlé; comme plus de la moitié des cartouches avaient été consommées dès la première journée, il recommanda, afin de ménager le reste de ses munitions, de ne plus se servir que de la baïonnette pour renverser les assaillants. Plusieurs fois, le drapeau tricolore eut sa hampe brisée, mais il fut toujours relevé avec enthousiasme. La nuit sépara de nouveau les combattants ; les Français profitèrent du répit que leur laissaient leurs fanatiques adversaires pour réparer les brèches du fortin.

Le lendemain 5, la lutte continua sans plus de succès pour les Arabes.

Le lendemain 6, toutes leurs forces étaient réunies. 2,000 d'entre eux s'élancèrent ensemble à l'assaut. Ils arrivèrent jusqu'à l'enceinte et allaient y planter leur étendard, quand ils furent repoussés en désordre par une décharge générale. A trois reprises différentes, de nouvelles colonnes se ruèrent de la plaine à la colline. Les uns dressent de longues poutres contre les murailles, les autres se hissent sur les retranchements avec des perches armées de crocs. Les Français les font tomber à coups de sabre et de baïonnette, puis, quand les murs sont nettoyés, la mitraille fait de larges trouées parmi les assaillants.

Depuis quatre jours durait cette lutte inouïe. Quand arriva le soir du quatrième jour, les Arabes, découragés, cessèrent de combattre. L'infanterie quitte les maisons, la cavalerie ramasse les morts et les enterre dans les silos et, le 7 au matin, tous les Arabes disparaissent.

Le chef de bataillon du Barail, qui commandait à Mostaganem, avait eu la pensée d'envoyer des renforts à Mazagran, mais la faiblesse de la garnison ne le lui avait pas permis. Au moins essaya-t-il de dégager ses compagnons d'armes en opérant chaque jour une diversion. Le 7 au matin, un profond silence avait succédé au bruit terrible des jours précédents. Du Barail, fort inquiet, s'imagina que l'ennemi s'était emparé de Mazagran Il sortit aussitôt de Mostaganem pour éclaircir ses doutes. Quelle ne fut pas sa joie en reconnaissant, sur les ruines du fortin, le drapeau tricolore déchiré, mais debout. On se précipite, on s'aborde et les soldats des deux garnisons s'embrassent et se félicitent. Nous n'avions perdu que 3 hommes et 16 avaient été blessés. Les 120 de Mazagran avaient bien mérité de la Patrie.

Cette héroïque défense n'était qu'un fait isolé; mais qui produisit un effet immense sur les imaginations arabes. Aussi, Abd-el-Kader fut-il consterné. Il avait fondé les plus belles espérances sur son infanterie régulière, et elle était presque entièrement détruite. Il comptait pouvoir marcher sur Oran, et cette sanglante défaite affaiblissait son autorité. Au lieu de tenter de grandes entreprises, il était réduit à la défensive. C'était un mauvais début.

Réflexions sur l'affaire de Mazagran.

L'affaire de Mazagran eut, en France et en Algérie, un très grand retentissement; aussi est-ce pour cette raison que nous avons tenu à en faire le développement que nous avons donné plus haut d'après l'histoire de Paul Gaffarel.

Camille Rousset, de l'Académie française, dans son *Histoire de la conquête de l'Algérie*, se demande « si elle était bonne pour l'armée, cette glorification, cet apothéose des zéphyrs ». Il dit qu'à peu près à la même époque les combats de Djemila, pour le 1er de ligne, et la défense d'Aïn-Turco, par le 62e de ligne, furent des faits d'armes tout aussi glorieux que celui de Mazagran. Nous ne le contesterons pas; parlant des zéphyrs, il cite du général Trézel les paroles suivantes : « Les exemples qu'ils donnent aux autres troupes sont pernicieux. » Il est bon, je crois, de faire en tout cas exception pour celui de Mazagran. « Il faut regretter même, quelquefois, d'avoir des éloges à leur accorder pour leur bravoure, dans la crainte qu'un éloge n'accrédite l'opinion, très fausse, très dangereuse, qu'un mauvais sujet peut être un bon soldat et mérite alors la même considération et les mêmes récompenses. » Cela est vrai.

Assurément, les zéphyrs ne peuvent prétendre aux mêmes égards, aux même récompenses que leurs camarades, indemnes de toute faute; c'est pour cette raison que le règlement donne le droit de les traiter plus durement que les soldats des autres régiments. Quant aux récompenses, on ne leur en accorde que lorsqu'elles ont été plusieurs fois méritées. Mais on est obligé de reconnaître que ces hommes n'ont pas été reconnus par la loi indignes de porter les armes; il y a là une question de moralité. On ne peut songer à enlever à des soldats que l'on envoie à tous les bouts du monde se faire tuer pour la Patrie, cette planche de salut : la réhabilitation; on doit chercher à ramener ces hommes dans le droit chemin et non à les décourager; il faut laisser à ces gens égarés les moyens de reconquérir l'honneur en lavant dans le sang versé sur les champs de bataille leurs péchés de jeunesse.

Leur bravoure, leur entrain, le désir de se réhabiliter, sont autant de facteurs qu'on ne doit pas négliger; il y va de l'intérêt commun. Pourquoi se priverait-on, en les décourageant, de soldats qui peuvent porter au loin le prestige de nos armes et augmenter la gloire de la Patrie?

D'ailleurs, nous ne pouvons songer à être plus sévères envers eux que la loi. Les zéphyrs peuvent, comme tous les autres militaires de l'armée, être décorés de la médaille militaire pour acte de bravoure, et quand ils obtiennent cette récompense ils se trouvent, par le fait même, réhabilités; leur casier judiciaire est blanc et l'on n'a plus, dès lors, le droit de leur rien reprocher.

On n'a qu'à jeter un coup d'œil sur le passé militaire des bataillons d'Afrique pour voir que ces gens-là ont fait des choses admirables, et quoique la création de ces bataillons remonte à une époque relativement récente, si on leur donnait un drapeau, il faudrait y écrire : Europe, Asie, Afrique, Amérique; partout où la France a jugé à propos de faire flotter son drapeau, les zéphyrs ont paru, toujours aussi braves, aussi ardents, cherchant partout l'occasion de se réhabiliter.

Le commandant Servières, aujourd'hui colonel, qui connait bien les zéphyrs savait bien qu'on pouvait compter sur eux, quand, à Lang-Son, il envoyait porter par le maréchal des logis fourrier Deschamps, aujourd'hui lieutenant de spahis, un billet au crayon dans lequel il offrait au lieutenant-colonel Herbinger, qui venait d'ordonner la retraite, de défendre Lang-Son, seul avec son bataillon (le 2e bataillon d'Afrique). Comme à Mazagran, nos zéphyrs auraient tenu bon s'ils avaient été attaqués; mais il est probable qu'ils ne l'auraient pas été, puisqu'au moment où le colonel Herbinger ordonnait la retraite les Chinois battaient en retraite de leur côté.

Sans vouloir faire l'apothéose des zéphyrs, nous ne croyons pas qu'il soit généreux de les conspuer; leurs antécédents militaires répondent de l'avenir, et l'on aura encore à faire appel à leur bravoure. Déjà, la sonde à la main, ce sont eux qui, creusant partout des puits artésiens, donnent la vie au Sahara; ce sont eux, à coup sûr, qui, le fusil en bandoulière et la pioche à la main, atteindront les premiers le lac Tchad, car, nous espérons bien que nous irons un jour ou l'autre faire la reconnaissance de toute cette partie de l'Afrique qui nous a été concédée par la convention du 10 août 1890.

Nous l'espérons pour la plus grande satisfaction des militaires d'action, pour tous ceux que l'ardeur de leur tempérament pousse à considérer la vie de garnison comme ennuyeuse et insupportable, car ils trouveront dans une expédition de ce genre une carrière à leur activité et à leur énergie.

Le gouvernement, qui, dans sa sollicitude, s'occupe de tous, qui cherche des débouchés pour son commerce, trouvera du même coup un débouché pour les officiers et soldats qui ne demandent qu'à marcher, et ils sont nombreux.

Le chauvinisme n'est pas mort dans notre armée ; on se rappelle avec orgueil que dix mille officiers répondirent à l'appel du Ministre de la guerre, quand, il y a quelques années, il demanda des volontaires pour aller au Tonkin. Malheureusement, c'est tout au plus si un officiers sur mille vit donner, sur le moment, une suite favorable à sa demande.

5. — **D.** *Lisez-nous le récit du combat de Sidi-Brahim* (1845).

R. Abd el-Kader venait de se montrer sur le territoire de Djemmah-Gazouat.

La tribu des Souhalias, secrètement gagnée à la révolte, pria aussitôt le commandant français de venir à son aide. En réalité, ces traitres ne cherchaient qu'à nous attirer en dehors de nos fortifications pour nous faire tomber dans une embuscade.

Le commandant du poste, le lieutenant-colonel de Montagnac, était un homme de cœur et d'audace.

Le 21 septembre, à 10 heures du soir, il quitte Djemmah avec le commandant Froment-Coste, 9 officiers et cinq compagnies du 8e bataillon de chasseurs d'un effectif de 346 hommes, le chef d'escadrons Courby de Cognord, 3 officiers et 62 hussards du 2e régiment, 1 interprète et 2 soldats du train, en tout 425 hommes.

L'objet de la sortie était d'empêcher la jonction d'Ab-el-Kader avec l'agha Ben-Ali et de protéger les Souhallas.

Le 23 septembre, il se porta en avant pour

reconnaître le terrain avec ses cavaliers et trois compagnies de chasseurs à pied, laissant le commandant Froment-Coste en arrière ; mais, à 3 kilomètres de son camp, il tombe au beau milieu des troupes d'Abd - el - Kader. Atteint presque aussitôt d'un coup mortel, il put, par un prodige d'énergie, rester encore quelques instants à cheval. Il eut le temps de rallier quelques-uns de ses hommes, de dépêcher un de ses cavaliers pour demander du secours, de prescrire la retraite sur le marabout de Sidi-Brahim, et remit le commandement au chef d'escadrons Courby de Cognord.

« Enfants, dit-il à ses soldats, si vous êtes assaillis par le nombre, retirez-vous dans le marabout de Sidi-Brahim et défendez-vous jusqu'à la mort ; quant à moi, ne vous en occupez pas, mon affaire est faite. »

Et il mourut !

Courby de Cognord est presque aussitôt blessé grièvement et fait prisonnier.

Pendant trois heures la petite troupe repousse les attaques de la cavalerie ennemie, les rangs sont décimés, les cartouches épuisées, presque tous les officiers tués ou blessés grièvement. Alors, arrive le commandant Froment Coste, qui, laissé en arrière avec deux compagnies, a pu se faire jour à travers une nuée d'Arabes, et le combat recommence acharné.

Un jeune chasseur, voyant que tout était perdu, essuyait une larme ; le commandant Froment-Coste l'apercevant s'approche de lui et lui demande : « Quel âge as-tu ? — J'ai 18 ans, répond le jeune chasseur. — Eh bien ! mon ami, tu auras souffert vingt ans de moins que moi ;

je vais te montrer comment on tombe la tête haute et le cœur ferme. » Quelques instants après, il tombait la tête fracassée.

Il ne reste plus que 83 hommes sous les ordres du capitaine de Géraux : ils réussissent à s'enfermer dans le marabout de Sidi-Brahim, dont ils percent les murs de créneaux ; mais ils n'ont ni eau, ni vivres, ni munitions, et des milliers d'Arabes les entourent déjà. Leur seul espoir était d'être secourus par le reste de la garnison de Djemmah-Gazouat, mais aucun secours n'arriva.

Aux sommations que fit faire aux assiégés Abd-el-Kader, il fut répondu par le cri de : « Vive la France ! »

La dernière sommation doit être faite par un officier prisonnier et blessé, l'adjudant-major Dutertre : tel est l'ordre de l'Emir. Dutertre s'avance vers le marabout.

« Chasseurs, s'écrie-t-il, on va me couper la tête si vous ne posez pas les armes, et moi, je viens vous dire de mourir jusqu'au dernier plutôt que de vous rendre. »

Aussitôt il tombe décapité, ce nouveau Régulus, ce martyr de l'honneur. Après deux jours de combats incessants, l'ennemi finit par comprendre que la famine lui livrerait tôt ou tard les défenseurs du marabout. Abd-el-Kader ordonna de cesser les hostilités, se contentant de bloquer étroitement le marabout.

En effet, la faim, la soif se firent bientôt sentir parmi nos soldats : ils n'avaient rien à manger et pour toute boisson étaient réduits à mélanger de l'urine avec de l'eau-de-vie ou de l'absinthe. Le capitaine de Géraux résolut de tenter une sortie.

Le 26 septembre, à 6 heures du matin, ils sortent subitement 73 valides et 7 blessés, surprennent les Kabyles et forcent le passage; mais les Arabes surviennent de toutes parts. Près de quatre mille ennemis s'acharnent après nos malheureux soldats qui sont de nouveau cernés. Il n'y avait plus à hésiter, il leur fallait s'ouvrir à la baïonnette, par la voie la plus courte, un chemin sanglant à travers les Arabes. Bon nombre de nos braves tombèrent dans cette tentative désespérée.

Le capitaine de Géraux et le lieutenant de Chappedelaine tombent successivement. Les débris de la petite troupe s'apprêtaient à mourir quand ils furent enfin secourus par la garnison de Djemmah-Gazouat qui les cherchait depuis trois jours sans les rencontrer. Ils n'étaient plus que douze et trois seulement n'avaient pas de blessures; parmi eux était le caporal Lavaissière. Ils furent tous décorés; Lavaissière rapportait le drapeau qui avait flotté sur le marabout pendant le combat.

La duchesse d'Orléans lui fit don d'une magnifique carabine d'honneur en échange de son drapeau.

Le caporal Lavaissière vit encore. Il est atteint aujourd'hui de cécité. Par l'effet d'un remarquable esprit de corps, une souscription faite en sa faveur dans les trente bataillons de chasseurs à pied a permis de lui assurer une rente annuelle de 800 francs. Le Ministre de la guerre qui a autorisé cette souscription, et qui était à l'époque le général Thibaudin, répondait au commandant du 8e bataillon de chasseurs qui lui demandait l'autorisation de prendre l'initiative de cette souscription :

« Je ne puis qu'applaudir à cette généreuse pensée dont la réalisation permettrait d'adoucir les derniers jours d'un intrépide soldat, qui porte un nom glorieux, associé à l'un des émouvants souvenirs de nos guerres d'Afrique et resté légendaire dans les fastes des chasseurs à pied. »

6. — **D.** *Que remarquez-vous dans le récit du combat de Sidi-Brahim ?*

R. 1° Le caractère chevaleresque du lieutenant-colonel Montagnac qui, trop confiant, est tombé dans un guet-apens, son courage admirable et les belles paroles prononcées par lui avant de mourir ;

2° La bravoure et le sang-froid du commandant Froment-Coste ;

3° L'intrépidité et le courage des chasseurs, qui, mourant de faim et de soif, répondirent par le cri de : « Vive la France ! » aux sommations de se rendre que leur adressait Abd-el-Kader, et préférèrent mourir en combattant ;

4° L'esprit de corps des chasseurs à pied qui, trente-cinq ans après, n'ont pas oublié le caporal Lavaissière vieux et infirme et ont voulu apporter quelques adoucissements à ses vieux jours en lui servant une rente annuelle de 800 francs.

7. — **D.** *Mais ne remarquez-vous pas quelque chose d'encore plus beau que tout cela, si,*

toutefois, il est possible d'établir une comparaison ?

R. Oui, c'est l'exemple du capitaine Dutertre, qui, nouveau Rugulus, sachant qu'en agissant de la sorte il allait être décapité, s'est écrié : « Chasseurs ! l'Emir m'envoie vous dire qu'on va me couper la tête si vous ne posez pas les armes, et moi je viens vous dire de mourir jusqu'au dernier plutôt que de vous rendre. »

Et sa tête tombe aussitôt.

Il nous semble inutile de revenir plus en détail sur les différentes péripéties du combat de Sidi-Brahim, que nous avons été obligé de développer pour le rendre compréhensible aux soldats; l'instructeur se bornera à se faire lire le récit ainsi que ceux des combats de Beni-Mered et du siège de Thuyen-Quan par les soldats.

Néanmoins, nous devons tirer un enseignement de cette malheureuse affaire, où officiers et soldats ont si brillamment fait leur devoir. Dans notre préface de la deuxième partie, nous disions que le désir de faire parade de brillantes qualités militaires ne devait jamais pousser un chef à agir en dehors des prescriptions du commandement. Or, les instructions du lieutenant-colonel de Montagnac étaient formelles; le général Lamoricière a dit qu'il ne devait en aucune façon transformer la garnison de Djemma-Gazouat en colonne volante et que le maréchal Bugeaud qui était venu le visiter quelque temps auparavant, connaissant le tempérament ardent et chevaleresque du colonel, lui avait fait des observations très sévères et lui avait défendu de s'éloigner de Djemma, n'ayant pas du reste un nombre d'hommes suffisamment fort pour pouvoir tenir la campagne et tenter seul avec succès une opération quelconque contre les contingents d'Abd-el-Kader. De Montaignac a été attiré dans un guet-apens par la tribu des Souhalias, mais il n'en est pas moins vrai que cela ne lui serait pas arrivé s'il s'était conformé aux ordres très-précis de ses chefs et la brillante mais malheureuse affaire de Sidi-Brahim aurait été ainsi évitée.

80. — **D.** *Qu'est-ce que le combat de Beni-Mered ?*

R. Le combat de Beni-Mered nous offre un bel exemple de toutes les vertus militaires : courage, héroïsme, dévouement; nous y retrouvons toutes ces qualités et nous croyons ne pouvoir mieux faire que de citer l'ordre du jour que le maréchal Bugeaud adressa à l'armée d'Afrique à la suite de ce brillant fait d'armes.

Ordre du jour du maréchal Bugeaud.

« Au quartier général à Alger, le 14 avril 1842.

» Soldats,

» J'ai à vous signaler un fait héroïque qui, à mes yeux, égale au moins celui de Mazagran; là, quelques braves résistent à plusieurs milliers d'Arabes; mais ils sont derrière des murailles, tandis que, dans le combat du 11 avril, 21 hommes porteurs de la correspondance sont assaillis en plaine, entre Bou-Farik et Mered, par 250 à 300 cavaliers arabes venus de l'est de la Métidja. Le chef des soldats français, presque tous du 26e de ligne, était un sergent nommé Blandan.

» L'un des Arabes, croyant à l'impossibilité de la résistance d'une si faible troupe, s'avance et somme le sergent Blandan de se rendre. Celui-ci répond par un coup de fusil qui le renverse. Alors s'engage un combat acharné; Blandan est frappé de trois coups de feu. En tombant il s'écrie : « Courage, mes amis, défendez-vous jusqu'à la mort ! »

» Sa noble voix a été entendue de tous et tous ont été fidèles à son ordre héroïque ; mais bientôt le feu supérieur des Arabes a tué ou mis hors de combat seize de nos braves.

» Plusieurs sont morts ; les autres ne peuvent plus tenir leurs armes, cinq seulement restent debout. Ce sont Bire, Estal, Marchand, Girard et Lemercier; ils défendaient encore leurs camarades blessés ou morts lorsque le lieutenant-colonel Morris, du 4e chasseurs d'Afrique, arrive à Bou-Farik avec un faible renfort. En même temps, le lieutenant du génie de Jouslard qui exécute les travaux de Mered, accourt avec un détachement de 30 hommes ; le nombre des nôtres est encore très inférieur à celui des Arabes ; mais compte-t-on ses ennemis quand il s'agit de sauver un reste de héros ?

» Des deux côtés on se précipite sur la horde de Ben-Salem ; elle fuit, et laisse sur la place une partie de ses morts.

» Des Arabes alliés lui ont vu transporter un grand nombre de blessés; elle n'a pu couper une seule tête ; elle n'a pu recueillir un seul trophée dans ce combat, où pourtant elle avait un si grand avantage numérique. Nous avons ramené nos morts non mutilés et leur avons donné les honneurs de la sépulture ; nos blessés ont été portés à l'hôpital de Bou-Farik entourés des hommages d'admiration de leurs camarades !

» Lesquels ont le plus mérité de la patrie : ou de ceux qui ont succombé sous le plomb, ou des cinq braves qui sont restés debout, et qui, jusqu'au dernier moment, ont couvert les corps de leurs frères ? S'il fallait choisir entre eux, je répondrais : « Ceux qui n'ont point été frappés. » Car, ils ont vu toutes les phases du combat dont le danger croissait à mesure que les combattants diminuaient et leur âme n'en a point été ébranlée.

» Mais je ne veux pas établir de parallèle : tous ont mérité que l'on gardât d'eux un éternel souvenir.

» Je compte parmi leux le chirurgien sous-aide Ducros, qui, revenant de congé, rejoignait son poste avec la correspondance. Il a saisi le fusil d'un blessé et a combattu jusqu'à ce que son bras eût été brisé.

» Je témoigne ma satisfaction au lieutenant-colonel Morris qui, en cette circonstance, a montré son courage habituel, tout en regrettant d'avoir mis en route un aussi faible détachement.

» Je la témoigne aussi à M. le lieutenant du génie de Jouslard, qui n'a pas craint de venir avec trente hommes partager les dangers de nos vingt et un héros.

» La France verra que ses enfants n'ont point

dégénéré et que, s'ils sont capables de grandes choses par l'ordre, la discipline et la tactique qui gouvernent les masses, ils savent, quand ils sont isolés, combattre comme les chevaliers des anciens temps. »

L'armée reconnaissante éleva une colonne à la mémoire du sergent Blandan sur le théâtre même de la lutte glorieuse, et le nom de cet héroïque soldat fut donné à l'une des rues d'Alger. Grâce à une souscription due à l'initiative du colonel Trumelet, une statue en bronze représentant le sergent Blandan a été érigée à Bou-Farik le 1er mai 1887. On voit également la statue de Blandan à Paris, sous le péristyle de l'entrée des bureaux du ministère de la guerre.

9. — **D.** *Lisez-nous l'histoire succincte du siège de Thuyen-Quan et du combat de Hoa-Moc.*

R. Le 14 novembre 1884, le colonel Duchesne, à la tête de deux compagnies d'infanterie de marine, de deux compagnies de la légion étrangère et d'une section d'artillerie, força l'entrée du défilé de Yoc en avant de Thuyen-Quan et rejeta les Chinois vers Phu-an-Binh, releva la première garnison de Thuyen-Quan qui avait un très grand nombre d'hommes atteints par les fièvres et, enfin, ravitailla la place pour cinq mois en vue d'un siège qui paraissait de plus en plus certain.

Le général Brière de l'Isle, qui savait apprécier tout le mérite du commandant Dominé, le choisit pour commander la place; et, se reposant sur la valeur de cet officier, put étudier, préparer et exécuter la marche sur Lang-Son, c'est-à-dire refouler en Chine l'invasion qui était venue par l'est.

Thuyen-Quan était une petite place forte comme toutes celles construites anciennement par les Chinois ou les Annamites et, par conséquent, complètement incapable de résister à l'action des projectiles de l'artillerie moderne. Il fallait l'héroïsme et la solidité de nos troupes pour pouvoir songer à s'y défendre. Or, les forces de la défense se composaient de 9 officiers, 598 hommes, 6 pièces de canon et 1 canonnière; c'est dans ces conditions que s'engagea la lutte entre une armée de 21,000 hommes composés de réguliers chinois et de Pavillons-Noirs commandés par Luh-Vinh-Phuoc (le vieux phoque, comme l'appelaient nos soldats).

Le 2 février, à Chu, la veille même de se mettre en marche sur Lang-Son, le général Brière de l'Isle avait reçu une dépêche du commandant Dominé lui rendant compte que les Chinois avaient entrepris le siège régulier de Thuyen-Quan, que leurs cheminements avançaient avec une telle rapidité qu'il s'attendait à ce que les brèches soient faites par la mine au corps de place avant huit jours.

Le général en chef avait une telle confiance dans le commandant de la place et dans l'énergie de la garnison qu'il ne se laissa pas détourner d'une entreprise aussi considérable que celle de la marche sur Lang-Son, entreprise qui s'imposait sous tous les rapports. Il estimait qu'avec des troupes aguerries et bien entraînées, comme celles qu'il allait mener contre l'armée du Quang-Si, il aurait le temps de refouler cette armée au delà de la frontière du Tonkin et de se retourner contre celle du Yu-Nan qu'il trouverait encore arrêtée sous les murs de Thuyen-Quan.

Puis, successivement au fur et à mesure des étapes glorieuses de la 1re et de la 2e brigade vers Lang-Son, on avait appris les efforts des Chinois contre Thuyen-Quan, l'ouverture de leur troisième parallèle, l'explosion de leurs mines, les assauts furieux livrés contre la place, assauts tous repoussés par la courageuse petite garnison, mais il était grand temps d'aller la dégager.

La brigade Giovaninelli est désignée par le général en chef pour aller débloquer cette place. Du 13 février au 2 mars 1885, elle exécute avec une célérité remarquable de longues marches à travers un pays où elle rencontra à chaque pas des difficultés inouïes; enfin, elle livra, les 2 et 3 mars, le sanglant mais brillant combat de Hoa-Moc, qui força les Chinois à lâcher prise et à lever le siège. Il était temps, car un jour plus tard, le commandant Dominé, après un dernier effort, se serait enseveli avec toute sa garnison sous les ruines de la place. Le 3 mars, vers 3 h. 1/2, le commandant Dominé était sorti de la place avec un peloton de la légion étrangère pour venir à la rencontre de la colonne de secours; cette rencontre eut lieu en arrière des lignes évacuées par les Chinois.

Ceux qui étaient là n'oublieront jamais avec quelle émotion profonde les assiégés et leurs libérateurs se serrèrent les mains. A 3 h. 45, le général en chef fit son entrée dans la place.

Le 4 mars, vers midi, les canonnières *Berthe-de-Villers*, *Moulun* et *Eclair* mouillent à 2,500 mètres en aval de Thuyen-Quan. Elles avaient accompli un véritable tour de force, mais, hélas ! en , .re perte.

« Si elles avaient pu arriver le 2, elles auraient tourné la gauche de l'ennemi et l'action de leur puissante artillerie aurait certainement économisé le sang français dans une proportion qu'on ne peut supputer sans un serrement de cœur. » (Rapport du général Brière de l'Isle.)

Nos pertes s'élevaient, pour le siège de Thuyen-Quan, à..................	33 tués	76 blessés
Pour le combat de Hoa-Moc, à..................	76 —	387 —
Total........	109 tués	463 blessés

L'infanterie de marine et les tirailleurs algériens furent les héros de cette journée de Hoa-Moc. Au nombre des tués de Thuyen-Quan se trouvait le sergent du génie Bobillot, chargé de tous les travaux de défense par suite de la mort de ses chefs ; il s'acquitta très brillamment de sa tâche ; fit preuve, en toute circonstance, d'un courage remarquable, et tomba frappé d'une balle au moment où il allait recevoir la croix de la Légion d'honneur, récompense de ses glorieux services. Une statue lui a été élevée à Paris, sa ville natale, à l'angle des boulevards Voltaire et Richard-Lenoir.

Nous avons extrait, en partie, ce récit du livre de M. le capitaine breveté Lecomte, attaché à l'état-major du corps expéditionnaire du Tonkin. Nous ne croyons pouvoir mieux faire pour terminer ces quelques exemples que de citer l'ordre du jour adressé par le général en chef à la 1re brigade, après le déblocus de Thuyen-Quan.

ORDRE DU GÉNÉRAL EN CHEF

« Officiers, sous-officiers et soldats de la 1re brigade !

» Vous venez d'ajouter une glorieuse page à l'historique du corps expéditionnaire. Après vos victoires sur la route de Chu à Lang-Son, sans vous accorder un repos déjà bien mérité, j'ai dû vous demander de nouveau efforts, vous conduire à de nouveaux dangers.

» L'entrain que vaus avez montré dans vos belles marches de Lang-Son à Hanoï et sur les rives de la rivière Claire a prouvé que vous sentiez l'importance des nouvelles opérations.

» Le 2 mars, vous avez rencontré l'armée chinoise, descendue de Yunnan, retranchée dans une série d'ouvrages formidables sur un terrain d'une difficulté inouïe. L'ennemi, renforcé de tous les bandits de Luu-Vinh-Phuoc, avait annoncé bien haut qu'il nous barrerait la route de Thuyen-Quan assiégé avec rage par lui.

» Sans tenir compte du nombre de vos adversaires, vous avez enlevé de vive force les ouvrages de Hoa-Moc après une lutte de près de vingt-quatre heures.

» Le résultat a répondu à vos sacrifices et, le 3 mars, vous serriez la main des braves de l'héroïque garnison que vous veniez d'égaler.

» Vous avez été plus heureux que les états-majors et les équipages des canonnières *Henri-Rivière*, *Berthe de Villers*, *Moulun*, *Eclair* et *Trombe* qui ont espéré jusqu'au dernier moment partager vos dangers.

» Au prix d'efforts inouïs, ils ont traîné leurs bâtiments pendant sept jours consécutifs dans une rivière sans eau et ont pu atteindre Phu-Puan-Yoc et les abords de Thuyen-Quan.

» Ils ont ainsi prouvé que des obstacles considérés jusqu'alors comme insurmontables n'existaient pas pour eux.

» Honneur à vous tous !

» Officiers, sous-officiers, soldats et marins de la 1re brigade et de la flottille,

» Je suis fier de le proclamer bien haut : vous avez montré une fois de plus qu'avec des hommes tels que vous, le drapeau de la France flottera partout où le gouvernement de la République nous demandera de le porter.

» Au quartier général à Thuyen-Quan, le 5 mars 1885.

» Signé : Brière de l'Isle. »

10. — **D.** *Quelles réflexions et quels sentiments vous inspirent les récits des événements glorieux que nous venons de lire ?*

R. Le désir de trouver un jour l'occasion d'imiter nos aînés et de suivre leur exemple.

La France n'est pas dégénérée et peut avoir confiance dans l'avenir, car si ses enfants se sont toujours montrés soldats au cœur vaillant, plus que jamais aujourd'hui leurs chefs sont capables de vaincre toutes les difficultés et de les conduire à la victoire.

IIIe PARTIE

CHAPITRE Ier

Préparation à la guerre.

1. — **D.** *Qu'est-ce que la mobilisation?*

R. La mobilisation est le passage de l'armée du pied de paix au pied de guerre.

2. — **D.** *Comment sont comptés les jours de la mobilisation?*

R. Les jours de la mobilisation sont comptés de minuit à minuit; les affiches apposées à cet effet indiquent quel est le premier jour de la mobilisation.

3. — **D.** *Quels sont les effets que le soldat doit emporter en campagne?*

R. Voir le tableau détaillé ci-contre. (Décision ministérielle du 6 juin 1890.)

DÉSIGNATION DES EFFETS.		Sur l'homme.	Dans son paquetage.
Habillement.	Plaque d'identité	1	»
	Capote	1	»
	Ceinture de flanelle	1	»
	Pantalon de drap	1	»
	Veste	»	1
Coiffure	Képi	1	»
Grand équipement.	Bretelle de fusil	1	»
	Cartouchières (ou poche à cartouches ou giberne)	(1) 2	»
	Ceinturon avec porte-épée	»	»
	Havresac	1	»
	Bretelles (paire)	1	»
	Brodequins (paire)	1	»
	Caleçon	1	»
	Calote de coton	»	1
	Chemise	1	1
	Courroie de capote	»	1
	Cravate	1	»

OBSERVATIONS.

Les sergents-majors et les sergents rengagés portent le havresac en campagne. Les infirmiers régimentaires reçoivent un havresac d'infirmerie et deux cartouchières d'infirmerie; ces derniers ne sont armés que du sabre série Z. Les conducteurs de caissons de munitions, les soldats pourvoyeurs de munitions, les conducteurs de char de main, les ordonnances des officiers supérieurs, les tambours sont armés du revolver.

(1) Un crédit de cinq millions est prévu au budget de 1891, pour la confection d'une troisième cartouchière pour chaque soldat d'infanterie.

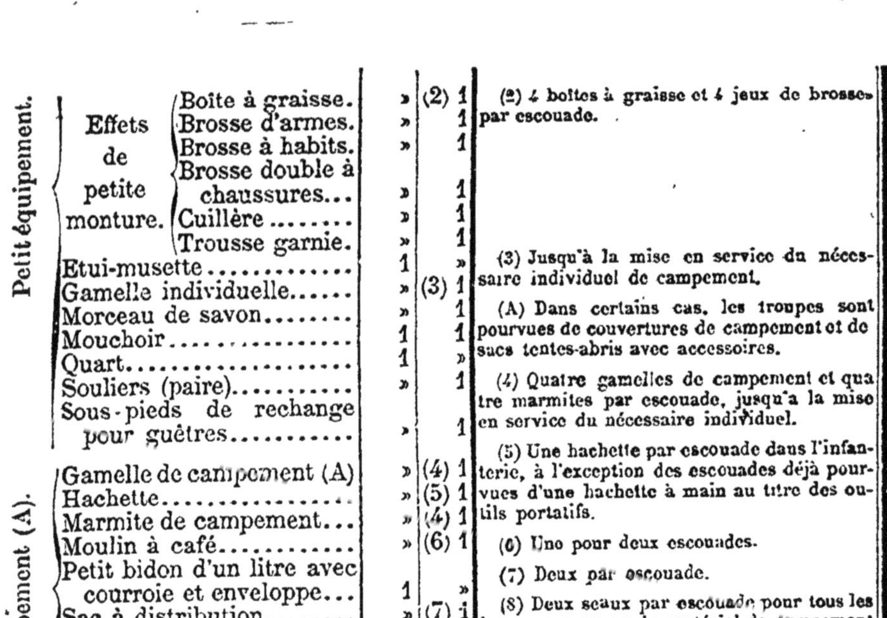

DÉSIGNATION DES EFFETS.			Sur l'homme.	Dans son paquetage.
Petit équipement.	Effets de petite monture.	Boîte à graisse	»	(2) 1
		Brosse d'armes	»	1
		Brosse à habits	»	1
		Brosse double à chaussures	»	1
		Cuillère	»	1
		Trousse garnie	»	1
	Etui-musette		1	»
	Gamelle individuelle		»	(3) 1
	Morceau de savon		»	1
	Mouchoir		1	1
	Quart		1	»
	Souliers (paire)		»	1
	Sous-pieds de rechange pour guêtres		»	1
Campement (A).	Gamelle de campement (A)		»	(4) 1
	Hachette		»	(5) 1
	Marmite de campement		»	(4) 1
	Moulin à café		»	(6) 1
	Petit bidon d'un litre avec courroie et enveloppe		1	»
	Sac à distribution		»	(7) 1
	Sachets pour vivres de réserve		»	2
	Seau en toile		»	(8) 1

(2) 4 boîtes à graisse et 4 jeux de brosses par escouade.

(3) Jusqu'à la mise en service du nécessaire individuel de campement.

(A) Dans certains cas, les troupes sont pourvues de couvertures de campement et de sacs tentes-abris avec accessoires.

(4) Quatre gamelles de campement et quatre marmites par escouade, jusqu'à la mise en service du nécessaire individuel.

(5) Une hachette par escouade dans l'infanterie, à l'exception des escouades déjà pourvues d'une hachette à main au titre des outils portatifs.

(6) Une pour deux escouades.

(7) Deux par escouade.

(8) Deux seaux par escouade pour tous les hommes pourvus du matériel de campement actuellement en usage (ustensiles à quatre) et en Afrique seulement pour les troupes pourvues du nécessaire individuel de campement.

DÉSIGNATION DES EFFETS.		Sur l'homme.	Dans son paquetage.	OBSERVATIONS.
Armement.	Fusil avec épée-baïonnette.	1	»	(9) Quatre par escouade, plus un à chaque sergent et fourrier.
	Nécessaire d'armes.......	»	(9) 1	(10) Les caporaux et les soldats portent sur eux 14 paquets de 8 cartouches, total 112.
Munitions.	Paquets de cartouches de fusil 1886..............	(10) 14	»	Les sous-officiers n'en portent que 6 paquets de 8 cartouches, total 48. Les paquets de cartouches sont répartis entre les différents objets de grand équipement en service dans les corps, *on n'en met dans le sac qu'à défaut de place dans les autres effets.*
Vivres.	2 jours de biscuit (B).....	»	1	
	2 jours de petits vivres...	»	1	
	2 jours de viande de conserve.................	»	(11) 1	(11) Une boîte pour deux hommes.
	2 portions de potage condensé..................	»	1	(B) Non compris 2 jours de pain, 2 jours de petits vivres, 1 jour d'avoine emportés au départ au titre de vivres de débarquement.
	1 jour d'avoine............	»	1	
Outils portatifs.................		»	1 (12)	(12) Par compagnie, 32 pelles-bêches, 8 pioches, 4 pics, 3 haches et une scie articulée en sus des 13 hachettes indiquées au renvoi n° 5
				NOTA. Tous les effets qui ne figurent pas sur cette nomenclature sont laissés en magasin. Néanmoins, les hommes feront bien de se munir d'un solide couteau de poche.

4. — **D.** *Quelles sont les opérations à faire au moment de la mobilisation ?*

R. Ces opérations sont très nombreuses ; aussi a-t-il été nécessaire de les prévoir dès le temps de paix et d'en prescrire l'exécution jour par jour et même heure par heure. Elles varient pour chaque corps de troupe suivant son éloignement de la frontière, le nombre de casernes occupées par le régiment, etc., etc., et sont consignées dans un document appelé journal de mobilisation, dont certaines parties sont confidentielles.

5. — **D.** *Quel est l'effectif d'une compagnie sur le pied de guerre ?*

R. Une compagnie sur le pied de guerre se compose de :

Officiers (dont 1 sous-lieutenant de réserve).	4
Sous-officiers (dont 1 adjudant, 1 adjudant de réserve, 1 sergent-major, 1 sergent fourrier, 8 sergents)	12
Caporaux (dont 1 caporal fourrier).........	17
Soldats (dont 4 tambours et clairons, 1 infirmier, 4 brancardiers, 1 conducteur de mulet, 1 conducteur de caisson, 1 pourvoyeur)................................	229
TOTAL................	262
Cheval..................................	1
Mulet..................................	1

6. — **D.** *Quelle est la quotité des rations en campagne ?*

R. La ration de vivres se divise en ration forte et en ration normale de campagne.

La première est allouée dans la période active d'une campagne ; la seconde est réservée aux stationnements de quelque durée ou à toutes les périodes de la guerre n'imposant pas aux troupes des fatigues exceptionnelles.

Les suppléments extraordinaires sont accordés pour un seul jour, sauf à être renouvelés s'il y a lieu.

TARIF DE LA RATION FORTE

Pain, 0^{k},750 ; ou pain biscuité, 0^{k},700 ; ou biscuit, 0^{k},600 (3 galettes);

Viande fraiche, 0^{k},500 ; ou lard salé, 0^{k},300 ; ou conserve de viande, 0^{k},250 ;

Légumes secs ou riz, 0^{k},100, ou pommes de terre, 0^{k},750 ;

Saindoux, 0^{k},030, ou graisse de bœuf, 0^{k},040 ;

Le jour où il est consommé des conserves de viandes, potage condensé, 0^{k},025 ;

Sel, 0^{k},016 ;

Sucre, 0^{k},021 ;

Café torréfié, 0^{k},016, ou vert, 0^{k},019.

TARIF DE LA RATION NORMALE

Pain, 0^{k},750 ; ou pain biscuité, 0^{k},700 ; ou biscuit, 0^{k},600 (3 galettes);

Viande fraiche, 0^{k},400 ; ou lard salé, 0^{k},240 ; ou conserve de viande, 0^{k},200 ;

Légumes secs ou riz, 0^{k},060, ou pommes de terre, 0^{k},450 ;

Saindoux, 0^{k},030, ou graisse de bœuf, 0,040 ;

Le jour où il est consommé des conserves de viande, potage condensé, $0^k,025$;

Sel, $0^k,016$;

Sucre, $0^k,021$;

Café torréfié, $0^k,016$, ou vert, $0^k,019$.

Outre les aliments ci-dessus, la ration simple liquide (vin, $0^l,25$; bière ou cidre, $0^l,50$, ou $0^l,0625$ d'eau-de vie) est accordée de droit à tout homme de troupe bivouaqué.

A cette ration administrative s'ajoute :

1° Les aliments achetés par les corps au compte des ordinaires, savoir : pain de soupe, condiments, complément de légumes frais ou secs ou autres délivrés selon les circonstances;

2° Accidentellement une ration de liquide accordée de droit à tout homme de troupe bivouaqué.

Il se peut qu'en campagne il ne soit pas toujours possible de délivrer des rations réglementaires telles qu'elles viennent d'être indiquées. On délivre alors des rations substituées.

7. — **D.** *Quels sont les vivres que l'on emporte au moment du départ de la garnison?*

R. Ces vivres sont, rations fortes :

2 jours de pain;
2 jours de biscuit;
3 jours de riz;
1 jour de légumes secs;
4 jours de sel;
4 jours de café;
4 jours de sucre;
2 jours de viande de conserve;

2 jours de potage condensé;
2 jours d'avoine.

8. — **D.** *Que mange-t-on pendant le trajet en chemin de fer?*

R. Pendant le trajet en chemin de fer, on mange les deux jours de pain, *qui sont remplacés pendant la route à une station peu éloignée du point de débarquement.* On mange également les vivres d'ordinaire achetés avant le départ par les commandants de compagnie, tels que viande froide, fromage, charcuterie, etc. De plus, il est fourni, par les soins de l'administration, aux troupes voyageant en chemin de fer, par jour un repas chaud et un repas froid. Après le débarquement, on mange deux jours de pain, deux jours de petits vivres, et on touche de la viande sur pied. Il ne restera donc plus dans le sac, pour le cours de la campagne, que :

2 jours de biscuit;
2 jours de petits vivres (riz, sel, sucre et café);
2 jours de viande de conserve;
2 jours de potage condensé;
1 jour d'avoine.

9. — **D.** *De quoi se composent les repas que l'on prend pendant le trajet en chemin de fer?*

R. Repas chauds : de jour, 1/2 litre de soupe, 200 gr. de viande froide, 8 gr. de sel; de nuit, 1/4 de café, 1/16 de litre d'eau-de-vie.

Repas froids : de jour, 200 gr. de viande, 8 gr. de sel, 100 gr. de viande; de nuit, 4 gr. de sel; 1/16 de litre d'eau-de-vie.

10. — **D.** *Quel sont les outils portés par le mulet de bât de la compagnie?*

R. Ces outils sont :

Pelles	12
Pioches	8
Haches	4
	24

Nota. Il est question de remplacer le mulet de bât par une voiture de compagnie qui, outre les outils, porterait une provision de cartouches.

11. — **D.** *De combien d'outils dispose la compagnie?*

R. Outils portatifs :

Bêches	32	48
Haches	3	
Pics	4	
Scie articulée	1	

Outils du génie :

Pelles	12	24
Pioches	8	
Haches	4	
		72
Hachettes de cuisine		13

Soit deux bêches et un outil portatif de destruction par escouade.

12. — **D.** *Quels sont les éléments constitutifs des colonnes?*

R. Ces différents éléments sont :

Les troupes, leur train de combat, les ambulances, les trains régimentaires et les convois.

13. — **D.** *De quoi se compose le train de combat d'un régiment ?*

R. Le train de combat se compose des approvisionnements en munitions et matériel nécessaires sur le champ de bataille.

Pour un régiment, il comprend la voiture d'outils, les caissons de munitions et des voitures d'ambulance.

14. — **D.** *Que comprend le chargement de la voiture d'outils du régiment ?*

R. La voiture d'outils comprend :

Pelles rondes	50
Pioches	25
Haches	20
Serpes	20
Scies passe-partout	4
Pinces	3
Plus une caisse d'outils d'ouvriers d'art.	
	122
Plus sapeur de la section H. R., outils du génies	13
TOTAL	135
Ce qui, avec les outils des compagnies (72 × 12 =)	864
donne un total d'outils pour le régiment de.	999

Les outils des pourvoyeurs de munitions et des caissons de bataillons ayant une affectation spéciale ne sauraient être considérés comme disponibles pour les travaux, de même que les hachettes des cuisines.

15. — **D.** *Que contiennent les caissons des bataillons ?*

R. Les caissons à cartouches des bataillons comportent trois coffres contenant chacun 8,832 cartouches, ce qui, pour chaque bataillon, donne 3 × 8,832 = 26.496 cartouches. Soit 26,4 cartouches par homme, le bataillon étant supposé à l'effectif de 1,000 hommes.

16. — **D.** *Que comprennent les ambulances?*

R. Les ambulances comprennent le personnel et le matériel du service de santé.

17. — **D.** *De quoi se compose le chargement de la voiture médicale du bataillon?*

R. Le chargement de la voiture médicale se compose de :

1 paire de cantines médicales ; 1 paire de paniers de pansements ;	Instruments de chirurgie et linge.

20 brassards ;
20 bidons ;
8 brancards avec bretelles ;
2 bâches et 2 fanions.

18. — **D.** *De quoi se compose le train régimentaire?*

R. Le train régimentaire se compose des voitures à vivres, de la voiture d'effets de rechange et de fourgons à bagages.

19. — **D.** *Que transportent les voitures à vivres du train régimentaire?*

R. Les voitures à vivres du train régimentaire transportent 2 jours de biscuit, 2 jours de petits vivres, 2 jours de viande de conserve, 2 jours de potage condensé et 2 jours d'avoine.

20. — **D.** *Que comprend le chargement de la voiture d'effets?*

R. Le chargement de la voiture d'effets comprend 6 caisses contenant chacune 25 ceintures de flanelle, 25 chemises, 25 paires de brodequins et 8 ou 9 pantalons.

21. — **D.** *Que comprend le chargement des fourgons à bagages?*

R. Les fourgons à bagages comprennent, outre les bagages des officiers et adjudants, une caisse blanche contenant 1,920 cartouches, des moyens d'attache pour les chevaux.

22. — **D.** *Comment marchent les trains régimentaires?*

R. Les trains régimentaires suivent à des distances variables, subordonnées aux circonstances, les unités auxquelles ils appartiennent.

23. — **D.** *Comment marchent les convois?*

R. Les convois constituent toujours des colonnes séparées. Suivant les circonstances, ils marchent à une demi-journée, une journée ou deux journées en arrière des trains régimentaires et des troupes. Le convoi administratif transporte pour quatre jours de vivres.

CHAPITRE II

Embarquement en chemin de fer.

24. — **D.** *De quoi doivent s'abstenir les hommes embarqués en chemin de fer?*

R. Ils doivent s'abtenir :

1° De passer la tête ou les bras hors des portières pendant la marche;

2° D'ouvrir les portières;

3° De passer d'une voiture dans l'autre;

4° De pousser des cris et de chanter;

5° De descendre de voiture aux stations avant les sonneries qui doivent en donner le signal;

6° De fumer dans les wagons à chevaux;

7° De fumer dans les wagons des hommes au cas où, par les grands froids, il y aurait de la paille sur le plancher.

Les chefs des wagons sont responsables des infractions à ces prescriptions.

25. — **D.** *Que peuvent faire les hommes à la sonnerie de « halte »?*

R. Ils peuvent descendre, mais ils laissent leurs armes dans les wagons et doivent sortir exclusivement par les portières qui ouvrent sur le quai ou le trottoir. Trois minutes avant le départ, à la sonnerie « En avant », les hommes montent en wagon.

26. — **D.** *Que doivent faire les hommes à l'arrivée aux stations haltes-repas?*

R. A la sonnerie de « la soupe », qui est faite par le clairon de la garde de police, les hommes descendent de wagon emportant la petite gamelle, la cuiller et le quart, ainsi que le pain de repas.

27. — **D.** *Que doivent faire les hommes à la sonnerie de la marche du régiment?*

R. Ils doivent descendre de wagon avec armes et bagages, en se conformant aux prescriptions indiquées dans les différents exercices d'embarquement.

TABLE DES MATIÈRES

Ire PARTIE

IIe PARTIE

IIIe PARTIE

Paris et Limoges. — Imp. milit. Henri CHARLES-LAVAUZELLE.

www.ingramcontent.com/pod-product-compliance
Ingram Content Group UK Ltd.
Pitfield, Milton Keynes, MK11 3LW, UK
UKHW020350230726
13925UKWH00003B/1047